汽车维修入门书系

汽车变速器维修

快速入门 30 天

李林 ◎ 主编

机械工业出版社
CHINA MACHINE PRESS

《汽车变速器维修快速入门30天》是汽车变速器基础知识和维修技能快速入门的普及读物，以"每天一个专题"的形式，用大量形象的图和生动简洁的语言来描述各种汽车变速器的结构和工作原理，以及拆装、检修、调整、故障分析等基本维修技能。

本书介绍了汽车上广泛使用的手动变速器（MT）、自动机械式变速器（AMT）、行星齿轮式自动变速器（AT）、双离合器自动变速器（DCT/DSG）、无级变速器（CVT）和平行轴式自动变速器。对各种自动变速器的机械、液压和电控系统进行了讲解，对它们的换档原理和维修方法做了详细介绍。全书着重讲解了实际操作方法和故障诊断与排除方法，即学即会，具有很强的可读性和实用性。

本书旨在帮助读者在1个月内学会汽车变速器的基础知识和诊断维修技能，可作为刚走上汽车维修岗位的初级技术人员的入门读物，也可作为汽车维修工的培训教材，还可作为汽车培训机构讲师及大中专院校师生的参考书。

图书在版编目（CIP）数据

汽车变速器维修快速入门30天/李林主编. —北京：机械工业出版社，2018.9

（汽车维修入门书系）

ISBN 978-7-111-60522-5

Ⅰ.①汽… Ⅱ.①李… Ⅲ.①汽车-变速装置-车辆修理 Ⅳ.①U472.41

中国版本图书馆CIP数据核字（2018）第161327号

机械工业出版社（北京市百万庄大街22号 邮政编码100037）
策划编辑：杜凡如 责任编辑：杜凡如 孟 阳
责任校对：张 薇 封面设计：鞠 杨
责任印制：孙 炜
天津千鹤文化传播有限公司印刷
2018年9月第1版第1次印刷
184mm×260mm·14.75印张·359千字
0001—3000册
标准书号：ISBN 978-7-111-60522-5
定价：39.90元

凡购本书，如有缺页、倒页、脱页，由本社发行部调换

电话服务 网络服务
服务咨询热线：010-88361066 机 工 官 网：www.cmpbook.com
读者购书热线：010-68326294 机 工 官 博：weibo.com/cmp1952
　　　　　　　010-88379203 金 书 网：www.golden-book.com
封面无防伪标均为盗版 教育服务网：www.cmpedu.com

前 言

随着我国家用车的增多及汽车整体保有量的增长，汽车已经成为人们日常生活中离不开的代步工具，汽车的使用、保养与维修也日益受到用户的重视。变速器作为汽车的重要组成部分，对汽车动力传递的平顺性、整车可操纵性、乘坐舒适性及燃油经济性影响很大。为让更多驾驶人和刚接触汽车保养与维修行业的初级技术人员熟悉汽车变速器的保养、维修要点，掌握汽车变速器的结构原理和维修知识，提高从业人员技术和实践水平，我们编写了这本书。

本书以"每天一个专题"的形式，重点讲述了汽车维修工应具备的变速器基础知识和基本维修技能。全书共分30天内容（即30个专题），详细阐述了手动变速器（MT）、自动机械式变速器（AMT）、行星齿轮式自动变速器（AT）、双离合自动变速器（DCT/DSG）、无级变速器（CVT）和平行轴式自动变速器的基本结构、工作原理，以及拆卸/安装步骤、部件检测、故障诊断与排除等实际维修技能。

本书内容简单易懂，将复杂的理论知识融合到图表中，便于读者理解。本书除介绍变速器主要部件的结构知识外，还介绍了其拆装和检修方法，注重实际操作能力的培养，强调即学即用，是汽车运用人员和技术人员贴身、高效的"汽修老师"。

本书可作为刚走上汽车维修岗位的初级技术人员的入门读物，也可作为汽车维修工的培训教材，还可作为汽车培训机构讲师及大中专院校师生的参考书。

本书由李林主编，参加本书编写工作的还有肖华、邹忠发、李春、王成生、颜雪飞、颜复湘、陈牛芳、欧阳汝平、李孝武、朱莲芳、何英、李龙梅、皮军、吴林华、范兴武、杨炉华、杨莉香、魏善君、肖志锋、黄忠建、李元。

由于编写时间仓促，书中难免有疏漏之处，恳请广大读者批评指正。

编　者

目 录

前言
第一章 手动变速器（MT） ... 1
- 第1天 手动变速器的结构与工作原理 ... 1
- 第2天 手动变速器油的更换及变速器总成的维修 ... 8
- 第3天 手动变速器的拆解及组装 ... 16
- 第4天 输入轴的维修 ... 28
- 第5天 输出轴的维修 ... 34
- 第6天 手动变速器的检修及常见故障的排除 ... 40
- 第7天 差速器 ... 45

第二章 自动机械式变速器（AMT） ... 49
- 第8天 AMT变速器的结构与工作原理 ... 49
- 第9天 AMT变速器的维修 ... 54

第三章 自动变速器（AT） ... 61
- 第10天 自动变速器的结构与工作原理 ... 61
- 第11天 自动变速器的就车维修 ... 72
- 第12天 自动变速器总成的拆解 ... 80
- 第13天 自动变速器总成的组装及常见故障检修 ... 95
- 第14天 变矩器和ATF泵的检修 ... 110
- 第15天 输入轴和2档制动器活塞的检修 ... 117
- 第16天 中间轴的检修 ... 123
- 第17天 变速器后盖和阀体的检修 ... 129

第四章 双离合变速器（DCT/DSG） ... 137
- 第18天 双离合变速器的结构与工作原理 ... 137
- 第19天 湿式双离合器的更换 ... 143
- 第20天 干式双离合器的更换 ... 150
- 第21天 双离合变速器机电装置的拆卸和安装 ... 158
- 第22天 双离合变速器油、滤清器和双离合变速器油泵的更换 ... 163

第五章 无级变速器（CVT） ... 168
- 第23天 无级变速器的结构与工作原理 ... 168

第 24 天　无级变速器的维修 …………………………………… 172

第六章　本田平行轴式自动变速器 …………………………………… 178

第 25 天　平行轴式自动变速器的结构与工作原理 …………… 178

第 26 天　ATF 的检查与更换及自动变速器测试 ……………… 190

第 27 天　变速器壳体和轴总成的维修 ………………………… 196

第 28 天　轴和离合器的维修 …………………………………… 208

第 29 天　阀体的维修 …………………………………………… 215

第 30 天　AT 电控系统的检修 ………………………………… 220

第一章

手动变速器(MT)

第1天　手动变速器的结构与工作原理

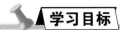

1. 认识手动变速器的总体结构和主要组成部件。
2. 了解手动变速器换档机构、齿轮轴和同步器的结构与工作原理。
3. 了解手动变速器的换档原理及动力传递路线。

一、手动变速器的总体结构

手动变速器又称机械式变速器。换档时必须先踩下离合器,用手拨动变速杆,通过输入轴和输出轴上不同齿轮间的啮合,来改变传动比和传动方向,从而产生不同传动比的前进档和倒档。除倒档外,其他档位的变速齿轮均持续啮合。

如图1-1所示,手动变速器主要由换档操纵机构和手动变速器总成组成。

手动变速器总成由变速器壳体、输入轴、输出轴、内部换档和选档机构、拨叉与拨叉轴、倒档机构、齿圈和差速器总成组成。手动变速器的总体结构如图1-2所示,主要部件如图1-3所示。

汽车发动机的动力由变速器输入轴前端的花键传递到变速器内部,然后经不同的档位齿轮,通过输出轴传递到主减速齿轮上。再通过差速器壳体、行星齿轮、半轴齿轮、左右传动半轴,最后传递到驱动轮上。

二、换档操纵机构

换档操纵机构分为远程操作式和直接操作式,大部分手动变速器采用远程操作式。这种操纵方式是用拉索或连杆等连接变速杆和变速器,它具有易于布置变速杆,且换档振动、噪声小的优点。

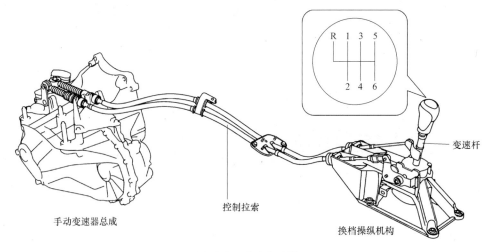

图 1-1　手动变速器

图 1-2　手动变速器的总体结构

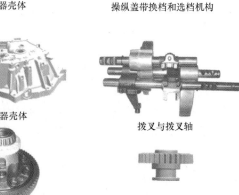

图 1-3　手动变速器的主要部件

大众车系手动变速器的拉索型换档操纵机构如图1-4所示。两根换档拉索将变速杆的选档和换档运动传递到换档轴上，变速杆左右摆动是选档操作，而前后拨动则是换档操作。中继杆和换档运动杆将两根拉索的运动分解成换档轴的上下运动和旋转运动。

在换档机构罩盖上有一个角块，它使换档轴能按照预先设计好的位置安装，以保证维修工作的顺利进行。

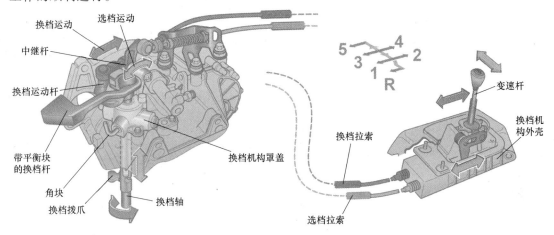

图1-4 拉索型换档操纵机构

三、换档和选档机构

变速器换档机构的作用是保证驾驶人能够迅速、准确、可靠地变换档位。要求变速器各档位应具有明确的手感，无换档干涉、无自动跳档，随时可退回空档等。

丰田车系手动变速器的换档和选档机构如图1-5所示。它主要由换档和选档杆轴、拨叉

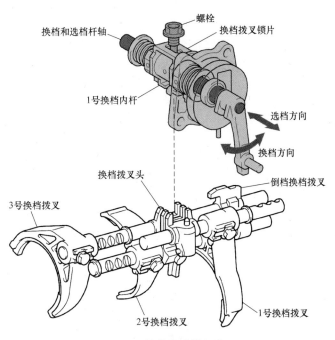

图1-5 换档和选档机构

与拨叉轴组成。换档机构采用了防止双重啮合机构和防止误换倒档机构，在拨叉轴上则采用了类似的换档锁止机构和倒档锁止机构。

1. 换档锁止机构

每个换档拨叉轴上有三个凹槽。换档时，钢球通过弹簧推入凹槽。这不仅能防止变速器脱档，还能给予驾驶人齿轮啮合的良好感觉。

2. 防止双重啮合机构

该机构可防止变速器同时换至两个档位。它只允许变速杆选择一个换档拨叉进行移动，即只能挂入某一个档位。

防止双重啮合机构的工作原理如图1-6所示。选档和换档操作通过移动换档拨叉锁片来实现，换档拨叉锁片始终装入三个换档拨叉槽的两个中，并且锁紧所有换档拨叉，待使用的齿轮除外。例如，将变速杆置于1档或2档时，换档拨叉锁片和1号换档内杆移到右侧，换档拨叉锁片防止3/4档和5/倒档换档拨叉头移动，使得只有1/2档换档拨叉头可移动。因此，变速器只能挂入1档或2档，而不能同时挂入两个档位。

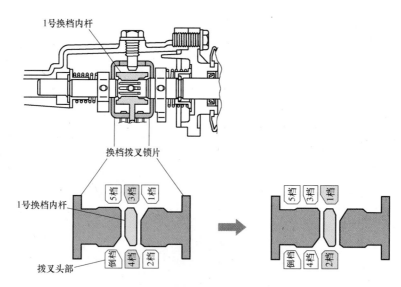

图1-6　防止双重啮合机构工作原理示意图

3. 防止误换倒档机构

汽车行驶时，如果变速器的倒档齿轮啮合，则会对车辆造成严重冲击，损坏离合器、变速器及其他传动装置，并可能导致非常危险的事故。因此，必须安装防止误换倒档机构，使驾驶人在换倒档前必须先换到空档。

手动变速器的防止误换倒档机构工作原理如图1-7所示。

1）选档时。将变速杆移到5/倒档选档位置（5档和倒档之间的空档位置）时，2号换档内杆按"5/倒档"向移动，从而按箭头A所示的方向移动倒档限位销。

2）换到5档。变速器已换到5档时，2号换档内杆按箭头B所示的方向旋转，从而分离倒档。最终，倒档限位销通过回位弹簧返回到原始位置。

3）试图从5档换到倒档。如果试图直接从5档换到倒档（如箭头C所示），则2号换档内杆接触倒档限位销，防止变速器从5档直接挂入倒档。

4）换到倒档。在变速杆先返回到 3 档和 4 档之间的空档位置后，换档内杆将先向后移动，然后移到 5 档/倒车选档位置，换档内杆和倒档限位销的相对位置如图 1-7d 所示。此时，按箭头 D 所示的方向旋转换档内杆，换入倒档，不会受到倒档限位销的任何干扰。

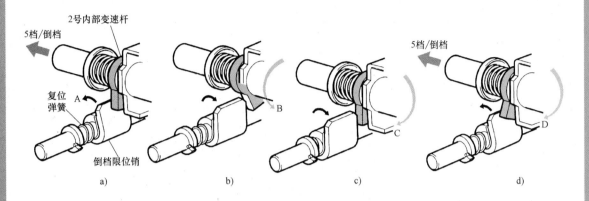

图 1-7 防止误换倒档机构工作原理

四、输入轴与输出轴

手动变速器通过输入轴和输出轴上不同齿轮间的啮合来改变传动比和传动方向，从而产生不同传动比的前进档和倒档。转矩通过离合器从发动机传递到变速器输入轴。然后，转矩通过选择的档位传递到输出轴小齿轮和主减速从动齿轮，接着传递到驱动轴。除倒档外，输入轴和输出轴上的档位齿轮始终啮合，构成了一个变速组件。

如图 1-8 所示，输入轴前端有花键，并与离合器从动盘的花键毂相配合。输入轴通过离合器壳体内的一个滚柱轴承和一个球轴承安装在变速器壳体上。1 档、2 档和倒档齿轮是固定在输入轴上的，而 3 档、4 档和 5 档齿轮是活动的，并套在滚针轴承上空转。输入轴还包括 3 档/4 档同步器和 5 档同步器，这些同步器是通过接合齿毂内的键槽与输出轴相连接的。

图 1-8 变速器输入轴组件

输出轴的结构如图 1-9 所示。输出轴上的 1 档、2 档齿轮是套在滚针轴承上空转的，而 3 档、4 档和 5 档齿轮是通过花键固定在输出轴上。输出轴有一个 1/2 档同步器，用来接合 1 档、2 档空转齿轮。

五、同步啮合机构（同步器）

同步器的作用是使接合套与待啮合的变速齿轮迅速同步，防止接合套与变速齿轮的套齿在同步前啮合而产生接合齿之间的冲击，使换档较为顺畅，并减少换档齿轮噪声。如图 1-10 所示，锁环式同步器由接合套、同步环（齿环）、同步器齿毂、滑块和滑块弹簧等组成。

图 1-9　变速器输出轴组件

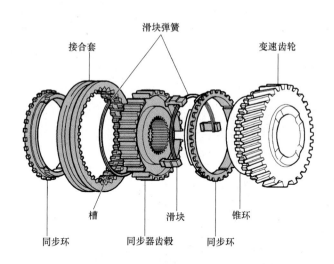

图 1-10　锁环式同步器的结构

接合套在拨叉作用下可左右轴向移动，带动同步器接合套施压于同步器齿环，使其与对应档位变速齿轮的锥环接触，以使同步器齿毂和齿轮的速度同步。然后，同步器接合套通过滑块弹簧以及接合套上的伸出齿，伸进待啮合的齿轮内，完成换档。

六、手动变速器换档原理及动力传递路线

如图 1-11 所示，将变速杆挂入 1 档时，1/2 档换档拨叉推动 1/2 档同步器向 1 档从动齿轮靠近，使 1 档从动齿轮与输出轴刚性接合，因此，输入轴和输出轴的 1 档齿轮啮合，通过驱动小齿轮将来自发动机的动力传递到差速器，最后驱动车轮转动。由齿轮的大小可以看出

输入轴主动齿轮和输出轴从动齿轮之间存在减速增矩作用。

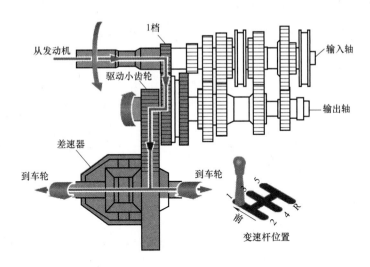

图 1-11　手动变速器 1 档工作原理

汽车起步后，不再需要较大转矩。驾驶人根据车速和路况，操作变速杆来选择不同的档位，即不同传动比的齿轮组来实现变速。

手动变速器 3 档的工作原理如图 1-12 所示。此时，3/4 档同步器接合 3 档主动齿轮，输入轴和输出轴的 3 档齿轮啮合，通过驱动小齿轮将动力传递到差速器。

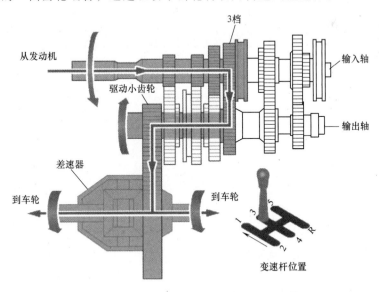

图 1-12　手动变速器 3 档工作原理

手动变速器倒档的工作原理如图 1-13 所示。此时，倒档惰轮（中间齿轮）与输入轴倒档齿轮啮合，输出轴上与倒档中间齿轮啮合的倒档从动齿轮（接合套）将倒档转矩通过驱动小齿轮传递到差速器。

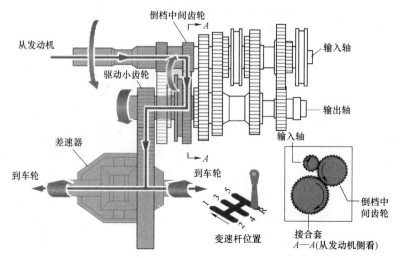

图 1-13 手动变速器倒档工作原理

   你学会了吗？

1. 手动变速器由哪两大部分组成？手动变速器的主要部件有哪些？
2. 拉索型换档操纵机构是怎样选档和换档的？
3. 手动变速器有哪些自锁和互锁机构？
4. 输入轴与输出轴上的档位齿轮是怎样传递发动机转矩的？

第2天　手动变速器油的更换及变速器总成的维修

   学习目标

1. 学会检查和更换手动变速器油。
2. 掌握倒车灯开关的测试方法。
3. 学会拆卸及安装手动变速器总成。

   实际操作

一、手动变速器油的检查和更换（以本田飞度为例）

1）将车辆停在水平地面上，并关闭发动机。
2）用举升机举升车辆，并确保其被牢固支撑。
3）拆下前轮挡泥板。
4）拆下注油螺塞和密封垫圈，检查变速器油情况，并确保油位正常，如图2-1所示。
5）如果变速器油脏污，拆下放油螺塞并排空变速器油，如图2-2所示。
6）用新密封垫圈重新安装放油螺塞，并重新为变速器加注变速器油至正确油位。

手动变速器油加注量:一般维护性更换时 1.5L,大修时 1.6L。

7) 安装带新密封垫圈的注油螺塞。

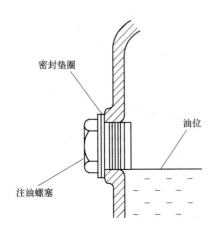

图 2-1 检查变速器油油位

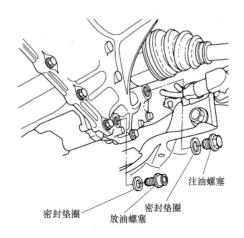

图 2-2 放油螺塞和注油螺塞

8) 安装挡泥板。

9) 降下举升机上的车辆。

二、倒车灯开关的测试

当倒车灯不亮,确定故障点在倒车灯开关时,可用如下方法测试倒车灯开关的好坏。

1) 断开倒车灯开关 2 针插接器,如图 2-3 所示。

2) 检查倒车灯开关 2 针插接器 1 号端子和 2 号端子之间是否导通,如图 2-4 所示。当变速杆置于倒档时应导通。如果结果显示有故障,则转至步骤 3)。

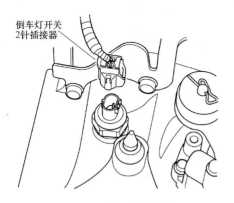

图 2-3 断开插接器

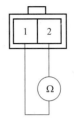

图 2-4 倒车灯开关 2 针插接器

3) 拆下倒车灯开关,如图 2-5 所示。检查倒车灯开关 2 针插接器 1 号端子和 2 号端子之间是否导通。按下开关端时应导通,松开开关端时应不导通。如果结果显示有故障,则更换倒车灯开关。如果开关正常,则检查变速器中的倒档换档片。

4) 安装已拆下的或新的倒车灯开关和新垫圈。

5) 连接倒车灯开关 2 针插接器。

三、变速器总成的拆卸和安装

当手动变速器出现故障需要大修时,首先要将变速器总成从发动机上脱开,然后再拆卸。本田飞度手动变速器总成的拆卸和安装方法如下。

1. 变速器总成的拆卸

1)将发动机舱盖固定在全开位置(支撑杆在下孔)。

2)拆下风窗玻璃刮水器臂。

3)拆下前罩板和发动机舱盖铰链盖。

4)拆下刮水器电动机。

5)拆下前罩下板。

6)执行蓄电池拆卸程序。

7)拆下空气滤清器壳体。

8)拆下空气滤清器支撑。

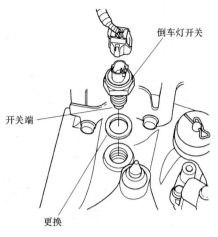

图2-5 拆下倒车灯开关

9)拆下蓄电池座螺栓,松开两个螺栓,拆下蓄电池线束夹和托架螺栓,然后拆下蓄电池座。

10)拆下离合器软管托架和分泵。从卡扣上拆下离合器管路,然后小心地取出分泵以免弄弯离合器管路,如图2-6所示。

注意:

①不要断开离合器管路接头。

②拆下分泵后,不要踩下离合器踏板。

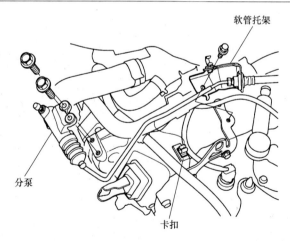

图2-6 取出离合器分泵

11)断开倒车灯开关插接器,然后拆下线束夹。

12)拆下锁销、换档拉索托架螺栓和线束夹,然后从变速杆总成上断开换档拉索,如图2-7所示。小心地将两根拉索和换档拉索托架一起拆下,以避免弯折拉索。

13）断开车速传感器（VSS）插接器。

14）如图 2-8 所示，拆下净化控制软管，用 8×1.25mm 的螺栓将吊钩片安装至空气滤清器壳体安装托架的螺栓孔处。

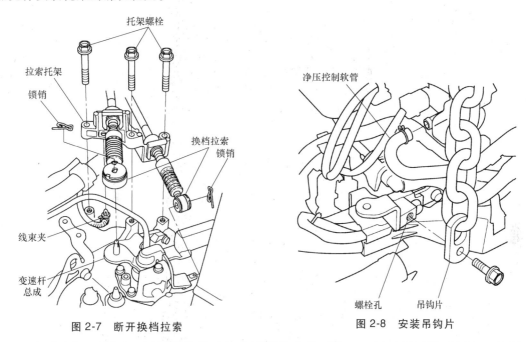

图 2-7 断开换档拉索　　　　图 2-8 安装吊钩片

15）如图 2-9 所示，用吊钩将发动机支撑吊钩安装到车上。用手紧固蝶形螺母，并举升和支撑发动机。

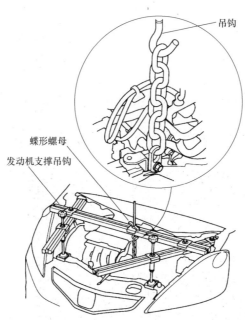

图 2-9 用吊钩支撑发动机总成

16）拆下变速器上安装螺栓，如图 2-10 所示。

17）从变速器托架上拆下搭铁电缆、变速器安装螺母和变速器安装螺栓，如图 2-11 所示。

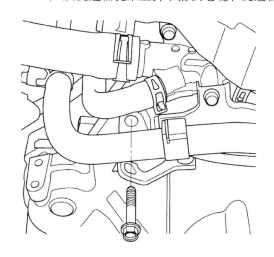

图 2-10　拆下上安装螺栓

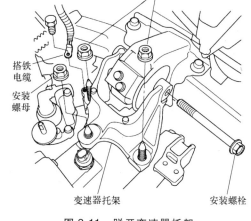

图 2-11　脱开变速器托架

18）用举升机举升车辆，并确保其被牢固支撑。

19）拆下挡泥板。

20）排空变速器油，使用新密封垫圈重新安装放油螺塞。

21）拆下左、右半轴。

22）拆下隔热盖，如图 2-12 所示。

23）拆下离合器罩盖，如图 2-13 所示。

24）用变速器千斤顶牢固支撑变速器。

25）拆下扭杆，如图 2-14 所示。

26）拆下扭杆托架，如图 2-15 所示。

27）拆下变速器下安装螺栓，如图 2-16 所示。

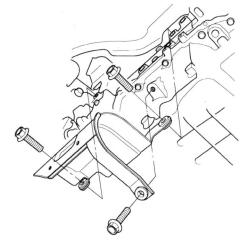

图 2-12　拆下隔热盖

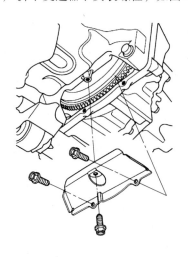

图 2-13　拆下离合器罩盖

图 2-14　拆下扭杆

28）将变速器从发动机上拉下，直到变速器主轴脱离离合器压片。

29）缓慢降下变速器。再次检查并确认所有软管和电气线束断开且未接触到变速器，然后将其降低到最低位置。拆下两个定位销。

2. 变速器总成的安装

1）如图 2-17 所示，确保将两个定位销安装在发动机气缸体指定的孔中。

2）检查分离轴承，并重新安装涂有适量润滑脂的分离轴承和分离拨叉。

3）将变速器放置在变速器千斤顶上，并将其提升到与发动机平齐位置。

4）安装变速器下安装螺栓。

5）安装离合器罩盖。

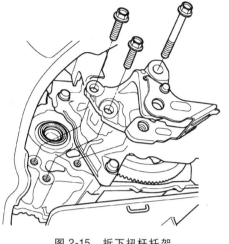

图 2-15 拆下扭杆托架

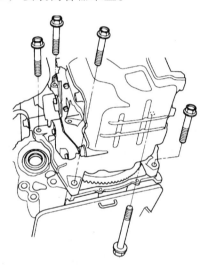

图 2-16 拆下下安装螺栓

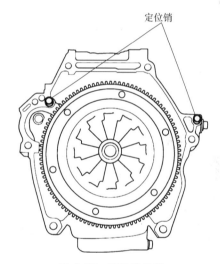

图 2-17 安装定位销

6）用新螺栓和螺母安装扭杆托架，如图 2-18 所示。

7）如图 2-19 所示，安装固定扭杆的新螺栓和新螺母，但不要拧紧，然后拆下变速器千斤顶。

8）安装隔热盖。

9）安装左、右半轴。

10）降下举升机上的车辆。

11）如图 2-20 所示，将新变速器安装螺栓、三个新发动机安装螺母和搭铁电缆固定螺栓紧固至规定力矩。

12）松开蝶形螺母，从车上拆下吊钩和发动机支撑吊钩，如图 2-21 所示。

13）拆下吊钩片和空气滤清器支撑，安装净化控制软管。

14）用螺栓和螺母将扭杆紧固至规定力矩，如图 2-22 所示。

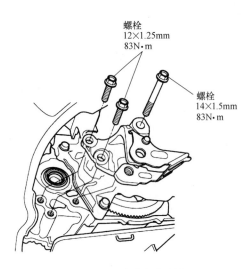

图 2-18　安装扭杆托架

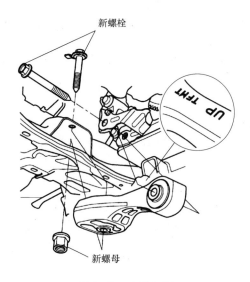

图 2-19　安装扭杆

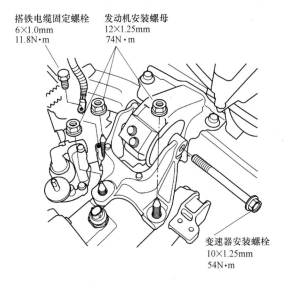

图 2-20　固定变速器

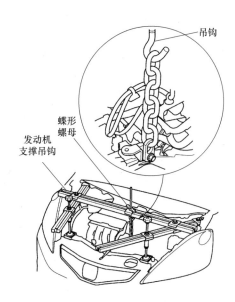

图 2-21　拆下吊钩组件

15）安装变速器上安装螺栓，如图 2-23 所示。

16）连接车速传感器插接器。

17）在拉索端涂抹一层薄薄的硅基润滑脂，连接拉索端和变速杆总成，然后安装换档拉索托架、线束夹和锁销，如图 2-24 所示。

18）连接倒车灯开关插接器，然后安装线束夹。

19）如图 2-25 所示，在分泵推杆的末端涂抹一层薄薄的钼基润滑脂。安装分泵和离合器管路托架。将离合器管路装入卡扣。

20）安装蓄电池座和线束夹。

21）安装空气滤清器支撑。

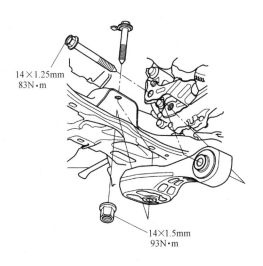

图 2-22 紧固扭杆至规定力矩

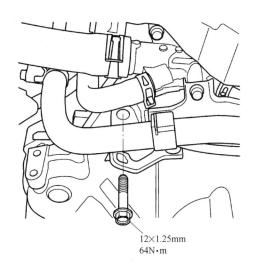

图 2-23 安装变速器上安装螺栓

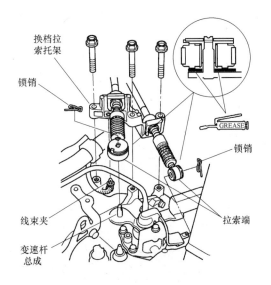

图 2-24 安装换档拉索

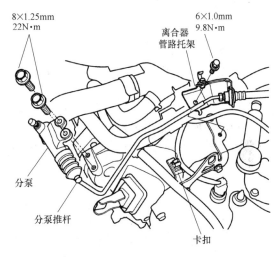

图 2-25 安装离合器分泵

22) 安装空气滤清器壳体。
23) 执行蓄电池安装程序。
24) 重新加注变速器油至正确油位。

 你学会了吗?

1. 怎样检查和更换手动变速器油?
2. 倒车灯不亮时,怎样测试倒车灯开关?
3. 怎样拆下手动变速器总成?
4. 怎样安装手动变速器总成?

第3天　手动变速器的拆解及组装

学习目标

1. 了解拆卸手动变速器各部件的先后顺序。
2. 掌握手动变速器的分解方法。
3. 学会重新组装拆解后的手动变速器。

实际操作

下面以东风风神5档手动变速器为例，说明手动变速器的拆解和组装方法。

一、手动变速器的分解

1）如图3-1所示，将工具（变速器固定支架）夹装在台虎钳上，再把变速器固定在变速器固定支架上。

2）拆卸变速器盖，如图3-2所示。

① 使用13mm套筒扳手拧下螺栓。

② 直接取下变速器盖及其密封圈。

图3-1　安装变速器固定支架

图3-2　拆卸变速器盖

3）用4mm圆柱冲冲出5档变速叉锁止弹性销，如图3-3所示。

4）使用卡环钳取下同步器卡环，如图3-4所示。

5）向上取出5档变速拨叉及同步器，再取下5档齿轮，如图3-5所示。

6）使用卡环钳取下卡环，如图3-6所示。

7）直接取出碟形弹性垫圈，如图3-7所示。

8）拆卸5档主动齿轮。使用两爪顶拔器拔出5档主动齿轮，如图3-8所示。

9）使用T40的花形套筒扳手拧下螺栓，如图3-9所示。

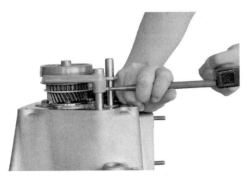

图 3-3 冲出弹性销

图 3-4 取下同步器卡环

图 3-5 取下 5 档齿轮

图 3-6 取下卡环

图 3-7 取出碟形弹性垫圈

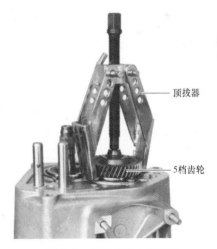

图 3-8 拔出 5 档主动齿轮

10) 用一大小合适的圆柱冲插入锁止片的螺栓孔中,用另一圆柱冲向外顶另一端,取下锁止片,如图 3-10 所示。

11) 逆时针拧下倒档开关,如图 3-11 所示。

12) 用 13mm 套筒扳手拆卸螺栓(a 处短双头螺柱 1 个,b 处长双头螺柱 3 个,c 处长螺栓 1 个,其他为短螺栓 11 个)。

13) 使用撬杠从图 3-12 所示位置向上撬,分离变速器壳体与离合器壳体。

图 3-9　拧下锁止片螺栓

图 3-10　取下锁止片

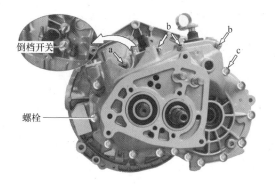

图 3-11　拧下变速器壳体螺栓

图 3-12　撬开变速器壳体

14）如图 3-13 所示，直接取下倒档轴，向外取出倒档滑动齿轮。

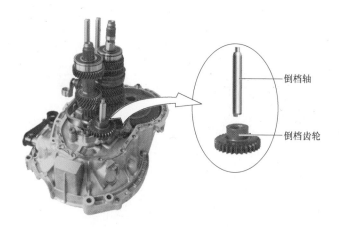

图 3-13　取下倒档轴和倒档齿轮

15）如图 3-14 所示，先向下按住倒档拨叉，再向外取下倒档拨叉销。

16）如图 3-15 所示，取下倒档拨叉。

图 3-14 取下倒档拨叉销

图 3-15 取下倒档拨叉

17）先挂入 2 档，然后用 4mm 圆柱冲冲出槽销，如图 3-16 所示。

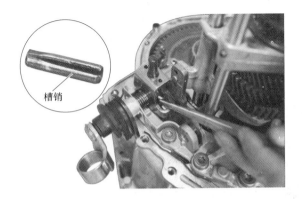
图 3-16 冲出槽销

18）向外取出变速杆轴总成及支座油封，如图 3-17 所示。

图 3-17 取出杆轴和油封

19）取出 1、2 档选档复位弹簧，如图 3-18 所示。
20）向外取出联锁装置锁止开关总成，如图 3-19 所示。
21）托住一轴、二轴连同拨叉向上垂直取出，如图 3-20 所示。

图 3-18 取出复位弹簧

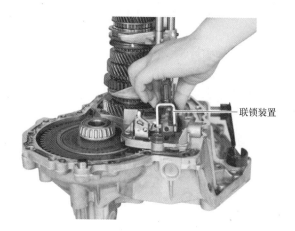
图 3-19 取出联锁装置锁止开关

 提示:

如果取出不顺,则可轻微晃动以便取下。

22)使用 T50 花形套筒扳手拧下螺栓(共 11 个),如图 3-21 所示。

23)用两撬杠向外撬下轴承座,如图 3-22 所示。

24)取出变速器上的磁体,如图 3-23 所示。

25)向上取出差速器,然后取出锁止销与锁止弹簧,如图 3-24 所示。

26)使用叉杆臂拆装工具向外顶出轴销,然后取下分离叉杆臂,如图 3-25 所示。

27)拆卸分离叉杆,如图 3-26 所示。

① 握住分离叉杆向外抽出一些后,按住套筒(图 3-26 右侧)的开口处并向外顶出。

② 同样按住套筒(图 3-26 左侧)的开口处并向外顶出。

③ 取下分离叉杆。

图 3-20 取出变速器轴

图 3-21 拧下轴承座固定螺栓

图 3-22 撬下轴承座

图 3-23 取出磁体

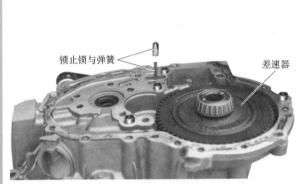
图 3-24 取出差速器

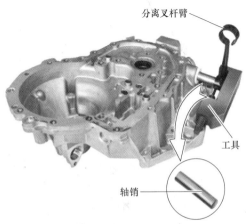
图 3-25 取下分离叉杆臂

图 3-26 拆卸分离叉杆

注意：

套筒上有一与壳体配合的凸台，安装时先对准凸台才能安装到位。

28）拆卸分离轴承导向套，如图 3-27 所示。

① 使用 8mm 套筒扳手拆卸螺栓。

② 取下分离轴承导向套。

29）用錾子冲出左边半轴油封，如图3-28所示。

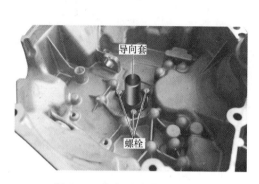

图3-27 拆卸分离轴承导向套

图3-28 拆卸左边半轴油封

30）用錾子冲出右边半轴油封，如图3-29所示。

31）用圆柱冲从缺口处冲出差速器右侧轴承外座圈，如图3-30所示。

图3-29 拆卸右边半轴油封

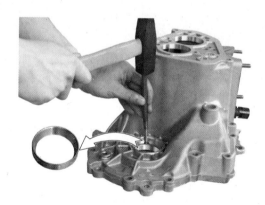

图3-30 拆卸右侧轴承外座圈

32）用圆柱冲出差速器左侧轴承外座圈，如图3-31所示。

二、手动变速器的重新组装

1）将分离轴承导向套对准螺孔安放，然后使用8mm套筒扳手安装螺栓，如图3-27所示。

2）对准凸台位置，装入图3-26所示右侧套筒，先将分离叉杆套入朝外孔位中，再装入套筒，然后从外侧对准凸台位置，装入图3-26所示左侧套筒。

3）将分离叉杆臂套入分离叉杆，使用叉杆臂拆装工具将新轴销安装到位，如图3-32所示。

> **注意：**
> 调整分离叉杆，使叉杆拨叉与离合器壳体贴合，再将叉杆臂朝向变速器壳体安装。

图 3-31　拆卸左侧轴承外座圈

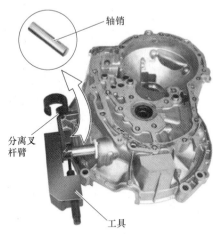

图 3-32　安装分离叉杆臂

4）使用差速器轴承外座圈安装工具和辅助垫块将差速器右侧轴承外座圈敲入壳体圈位中，如图 3-33 所示。

> **注意：**
> 切勿用力过大，避免损坏外座圈与壳体。如果重复使用差速器轴承，则需保证轴承与外座圈配套。

5）使用差速器轴承外座圈安装工具和辅助垫块将差速器左侧轴承外座圈敲入壳体圈位中，如图 3-34 所示。

6）将锁止销与锁止弹簧装入离合器壳体的孔位中，如图 3-35 所示。

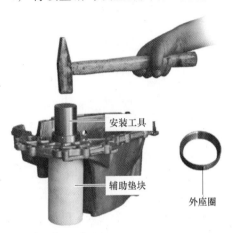

图 3-33　安装右侧轴承外座圈

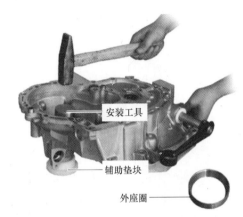

图 3-34　安装左侧轴承外座圈

7)将差速器装入离合器壳体。

8)将磁体放入离合器壳体上的安装位置,如图 3-35 所示。

9)如图 3-36 所示,将轴承座对准三个定位点,盖在离合器壳体上,使用 T50 花形套筒扳手安装螺栓(共 11 个)。

10)如图 3-37 所示,将一轴、二轴与拨叉杆轴组装好后,同时垂直装入对应的孔位,直至安放到位。

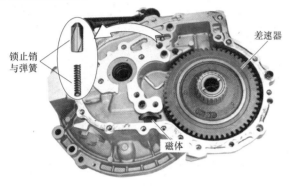

图 3-35 安装差速器　　　　　图 3-36 安装离合器壳体

11)将互锁装置凹处(图 3-38 所示 d 处)对准止动钢球。

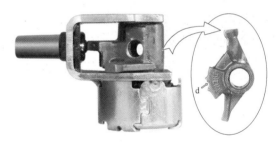

图 3-37 安装变速器轴总成　　　　　图 3-38 安装互锁装置

12)将互锁装置锁止开关总成安放到位,如图 3-39 所示。

13)安装复位弹簧,如图 3-40 所示。

图 3-39 安装锁止开关　　　　　图 3-40 安装复位弹簧

14)如图 3-41 所示,在变速杆轴上套入新支座油封,并向内装入。

15)如图 3-42 所示,用 6mm 圆柱冲向内冲击新槽销,使其锁止到位。

16)将倒档拨叉安放到位,如图 3-43 所示。

图 3-41 安装换档杆轴

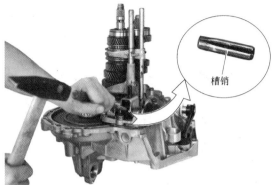

图 3-42 安装新槽销

图 3-43 安装倒档拨叉

图 3-44 安装倒档拨叉销

17)如图 3-44 所示,向下按住倒档拨叉,使拨叉上的孔准确定位后,将倒档拨叉销向内装入,直到销无法推动为止。

18)装入倒档齿轮,如图 3-45 所示。

19)装入倒档轴后,转动倒档轴至单方向旋转不动时即为到位。

20)将变速器壳体罩到离合器壳体上,如图 3-46 所示。

21)使用 13mm 套筒扳手安装螺栓(a 处短双头螺柱 1 个,b 处长双头螺柱 3 个,c 处长螺栓 1 个,短螺栓 11 个)。

22)拧上倒档开关。

 注意:

在变速器壳体与离合器壳体的结合处涂抹密封胶,在螺栓上涂抹防松胶。

23)向上略微提起一轴、二轴,将锁止片安装到位,如图 3-47 所示。

24)使用 T40 花形套筒扳手拧紧锁止片螺栓,如图 3-48 所示。

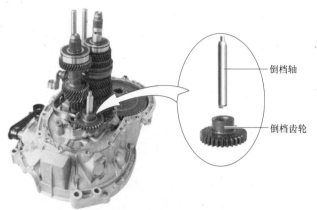

图 3-45　安装倒档齿轮和倒档轴　　　　　图 3-46　安装变速器壳体

图 3-47　安装锁止片　　　　　图 3-48　拧紧锁止片螺栓

25）使用轴承安装工具在压力机上将 5 档齿轮安装到位，如图 3-49 所示。

26）将新碟形弹性垫圈与新卡环置于一轴上，如图 3-50 所示。

注意：

垫圈与卡环是一次性的，拆装后必须换新。

图 3-49　压入 5 档齿轮　　　　　图 3-50　安放弹性垫圈和卡环

27）使用挡圈压装套将新碟形弹性垫圈与新卡环安装到位，如图3-51所示。

28）将5档变速拨叉、同步器与5档同步环及5档齿轮组合好，同时装到拨叉杆轴上，如图3-52所示。

图3-51 敲入弹性垫圈和卡环

图3-52 安装5档变速装置

29）用卡环钳将新卡环安装到位。

30）用4mm圆柱冲将新5档拨叉弹性锁止销安装到位。

31）给变速器盖装上新油封后，罩在变速器壳体上，使用M13套筒扳手拧入螺栓。

32）使用差速器左半轴油封安装工具将左侧半轴油封安装到位，如图3-53所示。

33）使用差速器右半轴油封安装工具将右侧半轴油封安装到位，如图3-54所示。

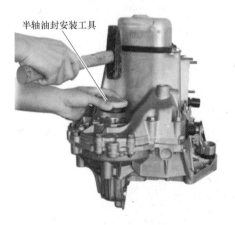

图3-53 安装左侧半轴油封

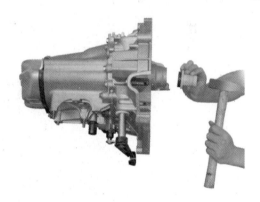

图3-54 安装右侧半轴油封

▶你学会了吗？

1. 怎样取下5档同步器和变速齿轮？
2. 怎样拆卸倒档滑动齿轮和倒档拨叉？
3. 手动变速器的基本分解顺序是怎样的？
4. 手动变速器的重新组装顺序是怎样的？

第4天　输入轴的维修

学习目标

1. 了解变速器输入轴的组成部件。
2. 学会检查手动变速器输入轴本体。
3. 掌握输入轴的拆解和重新组装方法。
4. 学会使用直尺和游标卡尺调节变速器输入轴轴向间隙。

基础知识

输入轴又称主轴、驱动轴或第一轴,是变速器的动力输入端。本田汽车 5 档手动变速器输入轴的结构如图 4-1 所示。发动机动力经离合器由输入轴输入变速器,输入轴在壳体上由

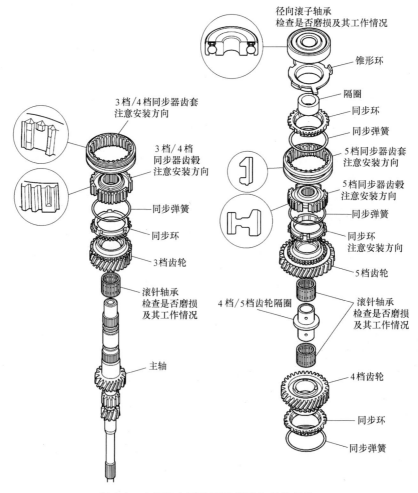

图 4-1　本田汽车手动变速器输入轴的结构

轴承支承定位。输入轴包括3档/4档/5档滑动齿轮、3档/4档同步器、5档同步器及输入轴本体，1档、2档和倒档齿轮则固定在输入轴上。

实际操作

一、输入轴的拆解

1）用轴承分离器和轴承顶拔器拆下径向滚子轴承，如图4-2所示。

2）拆下锥形环、隔圈、同步器锁环和5档同步器齿套。

3）支撑底座上的5档齿轮，并将输入轴从5档同步器齿毂压出，如图4-3所示。

4）支撑钢制底座上的3档齿轮，并将输入轴从3档/4档同步器齿毂压出，如图4-4所示。

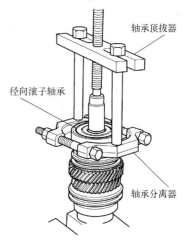

图4-2 拆下输入轴后轴承

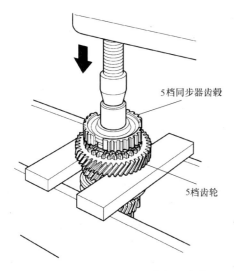

图4-3 取下5档同步器齿毂及齿轮

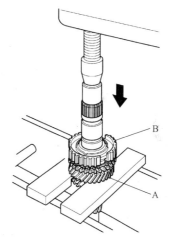

图4-4 取下3档/4档同步器齿毂

A—3档齿轮　B—3档/4档同步器齿毂

二、输入轴的检查

1）检查齿轮和轴承接触区域是否磨损和损坏，然后测量A、B、C、D和E点的输入轴直径，如图4-5所示。如果输入轴的任何部位小于维修极限（E点除外），则换上新的输入轴。

标准：

A—滚子轴承接触区域（变速器壳体侧）：25.987~26.000mm

B—隔圈接触区域：28.992~29.005mm

C—滚针轴承接触区域：34.984~35.000mm

D—滚子轴承接触区域（离合器壳体侧）：25.977~25.990mm

E—导向轴承接触区域：14.870~14.890mm

维修极限：A—25.93mm，B—28.93mm，C—34.93mm，D—25.92mm

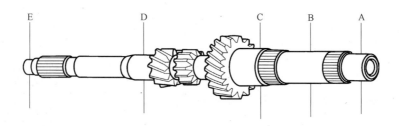

图 4-5　测量输入轴直径

2）通过支撑输入轴的两端检查径向圆跳动量，如图 4-6 所示。测量径向圆跳动量时，将输入轴转动两整圈。如果径向圆跳动量超出维修极限（0.05mm），则更换输入轴。

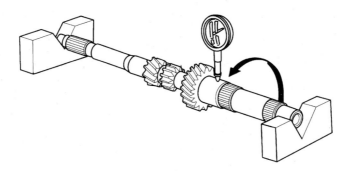

图 4-6　检查输入轴径向圆跳动量

三、输入轴的重新组装

1）在溶剂中清洗所有零件，将其吹干并在所有接触面上涂抹手动变速器油。

2）将滚针轴承和 3 档齿轮安装在输入轴上，如图 4-7 所示。

3）将带同步器弹簧的同步器锁环安装在 3 档齿轮上，如图 4-7 所示。

4）将同步器锁环销钉对准 3 档/4 档同步器齿毂的槽，安装 3 档/4 档同步器齿毂，如图 4-8 所示。

 注意：

确保按图 4-8 所示方向安装 3 档/4 档同步器齿毂。

5）使用 40mm 拆装器手柄和 30mm 轴承拆装器附件压入 3 档/4 档同步器齿毂，如图 4-9 所示。

6）将 3 档/4 档同步器齿套的挡块对准 3 档/4 档同步器齿毂，安装 3 档/4 档同步器齿套，如图 4-10 所示。安装后，检查 3 档/4 档同步器齿毂组件的工作情况。

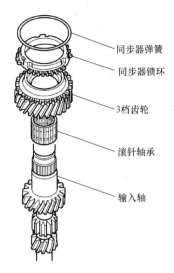

图 4-7 安装 3 档齿轮

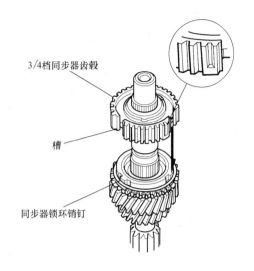

图 4-8 安装 3 档/4 档同步器齿毂

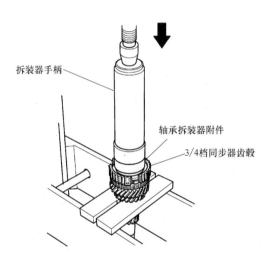

图 4-9 压入 3 档/4 档同步器齿毂

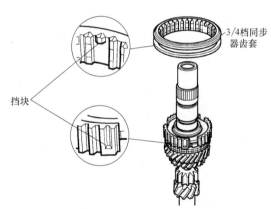

图 4-10 安装 3 档/4 档同步器齿套

7）将同步器锁环销钉对准 3 档/4 档同步器齿毂的槽，安装带同步器弹簧的同步器锁环，如图 4-11 所示。

8）将 4 档齿轮装在同步器锁环上，如图 4-11 所示。

9）安装带滚针轴承的 4 档/5 档齿轮隔圈和 5 档齿轮，如图 4-12 所示。

10）将带同步器弹簧的同步器锁环安装在 5 档齿轮上，如图 4-12 所示。

11）将同步器锁环销钉对准 5 档同步器齿毂的槽，安装 5 档同步器齿毂，如图 4-13 所示。

12）使用 40mm 拆装器手柄和 30mm 轴承拆装器附件压入 5 档同步器齿毂，如图 4-14 所示。

13）将 5 档同步器齿套的槽对准 5 档同步器齿毂，安装 5 档同步器齿套，如图 4-15 所示。安装后，检查 5 档同步器齿毂组件的工作情况。

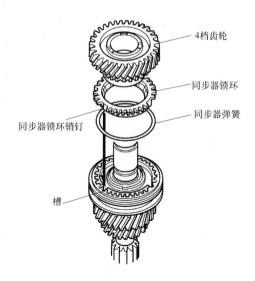

图 4-11 安装 4 档齿轮

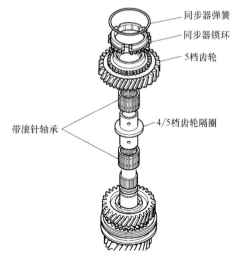

图 4-12 安装 5 档齿轮

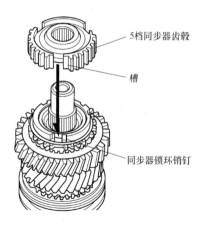

图 4-13 安装 5 档同步器齿毂

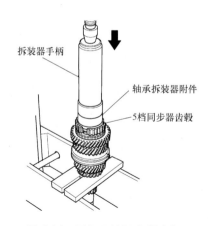

图 4-14 压入 5 档同步器齿毂

注意：

确保如图 4-15 所示对齐 5 档同步器齿毂中的槽。

14）将同步器锁环销钉对准 5 档同步器齿毂的槽，安装同步器弹簧的同步器锁环，如图 4-16 所示。

15）安装隔圈和锥形环，如图 4-16 所示。

16）用 40mm 拆装器手柄、30mm 轴承拆装器附件和压力机压入新的径向滚子轴承，如图 4-17 所示。

四、输入轴轴向间隙的调节

1）将垫片和变速器油导向板从变速器壳体上拆下，如图 4-18 所示。

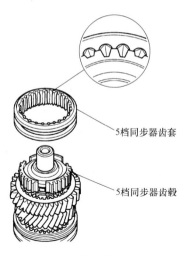

图 4-15　安装 5 档同步器齿套

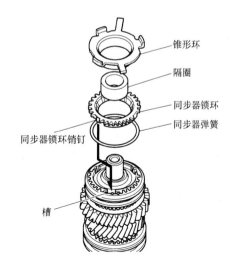

图 4-16　安装同步器锁环

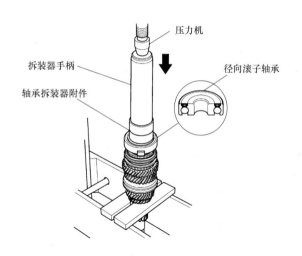

图 4-17　压入输入轴后轴承

2）将 3 档/4 档同步器齿毂、4 档/5 档齿轮隔圈、5 档同步器齿毂、隔圈和滚子轴承安装在输入轴上，然后将组装好的输入轴装入变速器壳体内，如图 4-19 所示。

3）将垫圈装在输入轴上，如图 4-19 所示。

4）用直尺和游标卡尺测量变速器壳体端和垫圈间的距离①，如图 4-19 所示。在三个位置测量，并取读数的平均值。

5）用直尺和深度仪测量变速器壳体端面与轴承内垫圈间的距离②，如图 4-20 所示。在三个位置测量，并取读数的平均值。

6）遵循下面的公式，使用步骤 4）、5）得出的测量值计算垫片厚度。

基本公式：

①＋②－(0.75＋0.11)＝垫片厚度（最大值）

①＋②－(0.75＋0.18)＝垫片厚度（最小值）

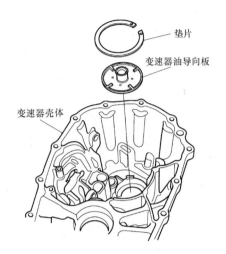

图 4-18 拆下垫片和变速器油导向板

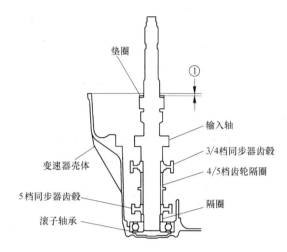

图 4-19 将输入轴装入变速器壳体内

将距离①与距离②相加。

0.75mm：弹簧垫圈，安装时的尺寸。

0.11mm：最小轴向间隙。

0.18mm：最大轴向间隙。

7）取最大值和最小值的中间值，选择此厚度的垫片。

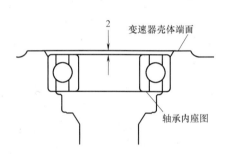

图 4-20 测量变速器壳体和垫圈间的距离

  你学会了吗？

1. 变速器输入轴又称什么轴？它由哪些部分组成？
2. 变速器输入轴的拆解顺序和组装顺序是怎样的？
3. 怎样检查变速器输入轴本体？
4. 怎样调节手动变速器输入轴的轴向间隙？

第 5 天　输出轴的维修

学习目标

1. 了解变速器输出轴的组成部件。
2. 学会检查手动变速器输出轴本体。
3. 掌握输出轴的拆解和重新组装方法。

  基础知识

输出轴又称副轴、从动轴或第二轴。本田汽车5档手动变速器输出轴的结构如图5-1所示。输出轴包括 5 个从动齿轮、同步器、输出轴本体,输出轴上所有未与同步器啮合的齿轮皆绕输出轴空转。在动力传递过程中,从动齿轮与对应的同步器啮合套接合,并通过同步器齿毂与输出轴联结。发动机动力最终由输出轴端部齿轮传递到主减速器,实现动力输出。

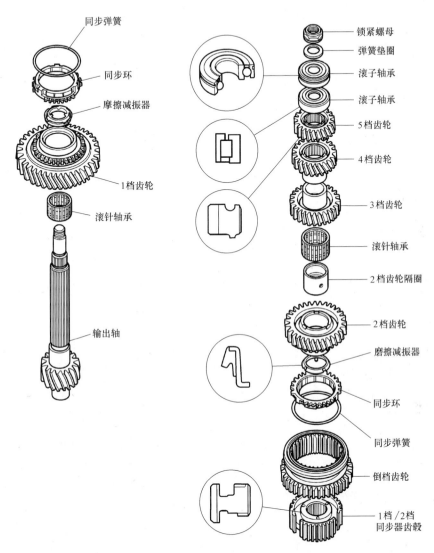

图 5-1 本田汽车手动变速器输出轴的结构

实际操作

一、输出轴的拆解

1)用木块牢固地将输出轴总成夹在台虎钳中。
2)用冲子从输出轴凹槽中敲起锁紧螺母锁片,如图 5-2 所示。
3)拆下锁紧螺母(左旋螺纹)和弹簧垫圈,如图 5-3 所示。
4)在钢制底座上支撑 5 档齿轮,然后使用压力机和附件将输出轴从滚子轴承(L15A1 发动机:滚针轴承)和 5 档齿轮上压出,如图 5-4 所示。

5）在钢制底座上支撑4档齿轮，然后使用压力机和附件将输出轴从4档齿轮上压出，如图5-5所示。

图 5-2　敲起螺母锁片

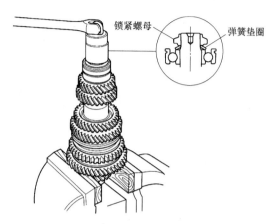

图 5-3　拆下锁紧螺母

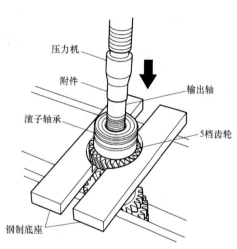

图 5-4　压出滚子轴承和5档齿轮

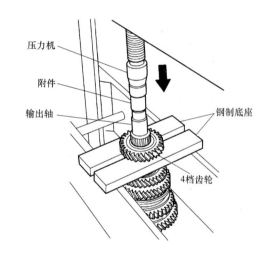

图 5-5　压出4档齿轮

6）在钢制底座上支撑3档齿轮，然后使用压力机和附件将输出轴从3档齿轮上压出，如图5-6所示。

二、输出轴的检查

1）检查齿轮和轴承接触区域是否磨损和损坏，然后测量A、B和C点的输出轴直径，如图5-7所示。如果输出轴任何部位小于维修极限，则将其更换。

标准：

A—滚子轴承接触区域（变速器壳体侧）：24.980～24.993mm

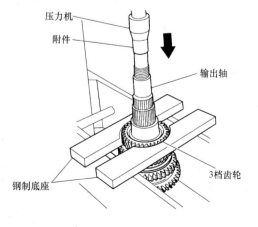

图 5-6　压出3档齿轮

B—滚针轴承接触区域：37.984～38.000mm

C—滚针轴承接触区域（离合器壳体侧）：34.000～34.015mm

维修极限：A—24.93mm，B—37.934mm，C—33.95mm

2）通过支撑输出轴的两端检查径向圆跳动量，如图5-8所示。然后将输出轴转动两整

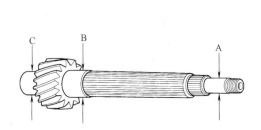

图 5-7 测量输出轴直径

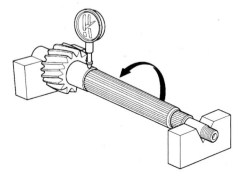

图 5-8 检查输出轴径向圆跳动量

圈，同时用百分表测量。如果径向圆跳动量超出维修极限（0.05mm），则更换输出轴。

三、输出轴的重新组装

1）用溶剂清洗所有零件，吹干后在所有接触面上涂抹手动变速器油。

2）将滚针轴承、1档齿轮和摩擦减振器安装在轴上，如图5-9所示。

3）将带同步器弹簧的同步器锁环安装在1档齿轮上如图5-9所示。

4）将摩擦减振器销钉和同步器锁环销钉对准1档/2档同步器齿毂的槽，安装1档/2档同步器齿毂，如图5-10所示。

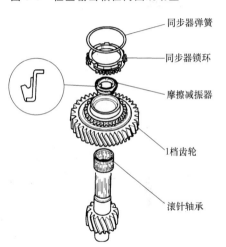

图 5-9 安装1档齿轮

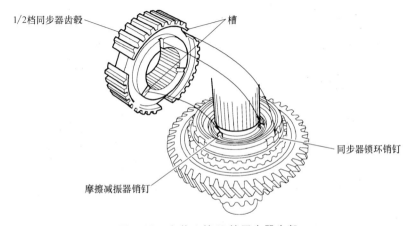

图 5-10 安装1档/2档同步器齿毂

注意：

确认 1 档/2 档同步器齿毂的安装方向。

5）对准倒档齿轮和 1 档/2 档同步器齿毂的槽，安装倒档齿轮，如图 5-11 所示。安装后，检查 1 档/2 档同步器齿毂组件的工作情况。

6）将同步器锁环销钉对准 1 档/2 档同步器齿毂的槽，安装带同步器弹簧的同步器锁环，如图 5-12 所示。

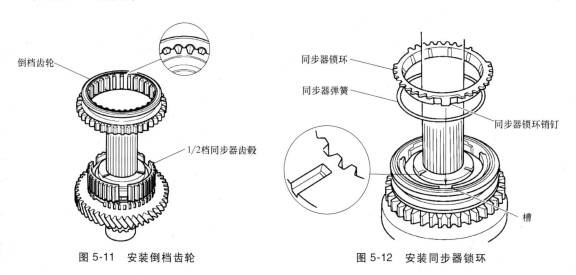

图 5-11　安装倒档齿轮　　　　　　　图 5-12　安装同步器锁环

7）将摩擦减振器上的销钉对准 1 档/2 档同步器齿毂的槽，安装 2 档齿轮隔圈和摩擦减振器，如图 5-13 所示。

8）安装滚针轴承和 2 档齿轮，如图 5-14 所示。

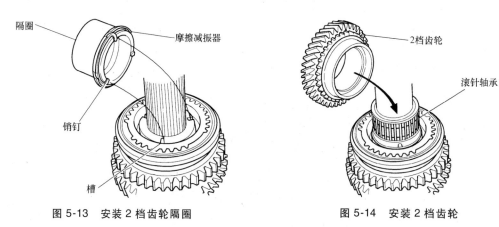

图 5-13　安装 2 档齿轮隔圈　　　　　图 5-14　安装 2 档齿轮

9）在钢制底座上支撑输出轴，然后用 40mm 拆装器手柄、35mm 轴承拆装器附件和压力机压入 3 档齿轮，如图 5-15 所示。

10）用 40mm 拆装器手柄、30mm 轴承拆装器附件和压力机压入 4 档齿轮，如图 5-16

所示。

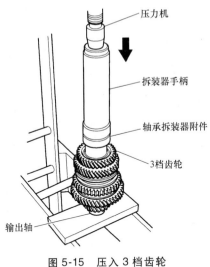

图 5-15　压入 3 档齿轮

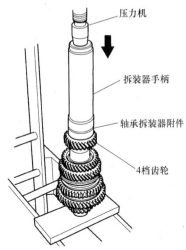

图 5-16　压入 4 档齿轮

11）用 40mm 拆装器手柄、30mm 轴承拆装器附件和压力机压入 5 档齿轮，如图 5-17 所示。

12）用 40mm 拆装器手柄、25mm 轴承拆装器附件和压力机压入滚子轴承（L15A1 发动机：滚针轴承），如图 5-18 所示。

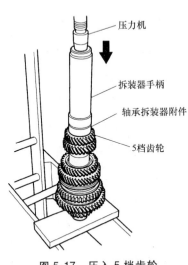

图 5-17　压入 5 档齿轮

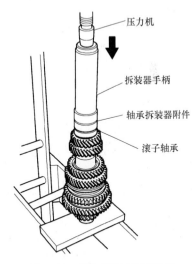

图 5-18　压入滚子/滚针轴承

13）用 40mm 拆装器手柄、25mm 轴承拆装器附件和压力机压入滚子轴承，如图 5-19 所示。

14）安装 22mm 弹簧垫圈和新的 22mm 锁紧螺母（左旋螺纹），如图 5-20 所示。

15）用木块牢固地将输出轴总成夹在台虎钳中。

16）将 22mm 锁紧螺母紧固至 108N·m，然后松开并再次紧固至相同力矩。将锁紧螺母锁片敲入凹槽内。

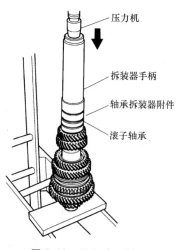

图 5-19 压入滚子轴承

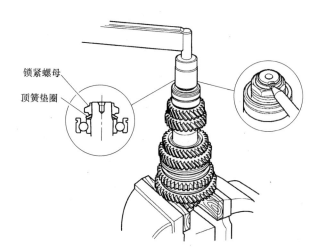

图 5-20 安装锁紧螺母

 你学会了吗?

1. 变速器输出轴又称什么？它由哪些部分组成？
2. 变速器输出轴的拆解顺序和组装顺序是怎样的？
3. 怎样检查变速器输出轴本体？

第6天　手动变速器的检修及常见故障的排除

学习目标

1. 学会检查各换档拨叉和同步器齿套之间的间隙。
2. 学会检查及重新组装同步器齿套和齿毂。
3. 掌握同步器锁环和变速齿轮的检查方法。
4. 了解手动变速器常见故障的排除方法。

 实际操作

下面以本田5档手动变速器为例，讲解手动变速器的检修方法。

一、倒档换档拨叉间隙的检查

1) 如图6-1所示，用塞尺测量倒档惰轮和倒档换档拨叉之间的间隙。如果间隙超过维修极限（2.5mm），则转至步骤2)。

2) 如图6-2所示，测量倒档换档拨叉的宽度。

如果宽度值不在标准范围内（13.5~13.8mm），则换上新的倒档换档拨叉。如果宽度值在标准范围内，则换上新的倒档惰轮。

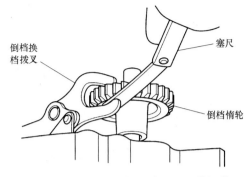 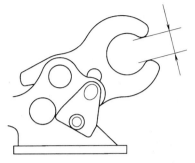

图 6-1 测量倒档惰轮和拨叉之间的间隙　　　图 6-2 测量倒档换档拨叉的宽度

二、换档拨叉间隙的检查

> **注意：**
> 同步器齿套和同步器齿毂应作为一个组件更换。

1）如图 6-3 所示，测量每个换档拨叉和与之匹配的同步器齿套之间的间隙。如果间隙超过维修极限（1.0mm），则转至步骤 2）。

2）如图 6-4 所示，测量换档拨叉销钉的厚度。

如果换档拨叉销钉的厚度不在标准范围内，则换上新的换档拨叉。如果换档拨叉销钉的厚度在标准范围内，则换上新的同步器齿套。

标准：

1 档/2 档、3 档/4 档换档拨叉：7.4~7.6mm。

5 档换档拨叉：6.7~6.9mm。

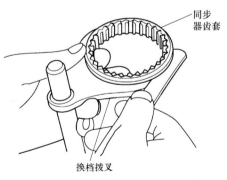 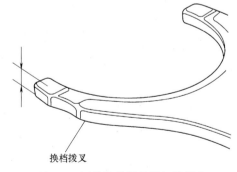

图 6-3 测量拨叉和齿套之间的间隙　　　图 6-4 测量换档拨叉销钉的厚度

3）如图 6-5 所示，测量换档拨叉和换档臂之间的间隙。如果间隙超过维修极限（0.62mm），则转至步骤 4）。

4）如图 6-6 所示，测量换档臂的宽度。

如果换档臂的宽度不在标准范围内（12.9~13.0mm），则换上新的换档臂。如果换档臂的宽度在标准范围内，则换上新的换档拨叉或换档拨片。

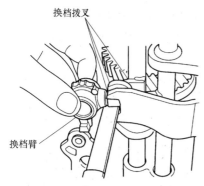
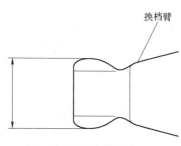

图 6-5 测量拨叉和换档臂之间的间隙   图 6-6 测量换档臂的宽度

三、同步器齿套和齿毂的检查与重新组装

1) 检查所有同步器齿毂和同步器齿套上的齿轮轮齿是否有倒圆角（表面磨损）。

2) 如图 6-7 所示，将每个同步器齿毂安装在接合同步器齿套内，并检查其是否移动自如。

3) 如图 6-8 所示，确保同步器齿套上的三组较长轮齿（120°间隔）与同步器齿毂上的三组较深槽匹配。

注意：

不要将同步器齿套连同较长轮齿安装至同步器齿毂槽内，因为它会损坏弹簧环。如有需要，则务必将同步器齿套和同步齿毂作为一个组件更换。

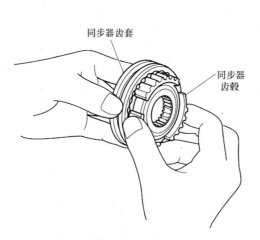
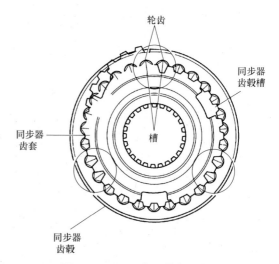

图 6-7 检查同步器齿套和齿毂   图 6-8 匹配同步器齿套与齿毂

四、同步器锁环和齿轮的检查

1) 检查同步器锁环是否有划痕、裂纹或损坏，如图 6-9 所示。

2）检查每个同步器锁环内部是否磨损。检查每个同步器锁环上的齿轮是否磨损，如图6-9所示。

3）检查每个同步器齿套上的轮齿和每个齿轮上的匹配轮齿是否磨损，如图6-10所示。

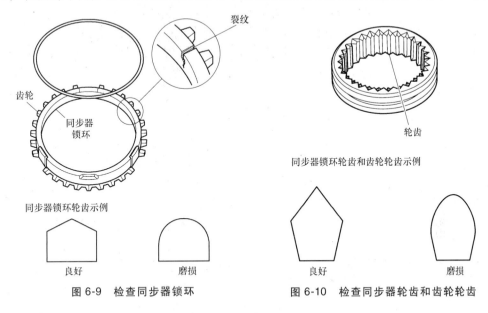

图6-9 检查同步器锁环　　　图6-10 检查同步器轮齿和齿轮轮齿

4）检查变速齿轮轮齿是否有划痕、裂纹或损坏，如图6-11所示。

5）检查每个齿轮毂上的轴向表面是否磨损。

6）检查每个齿轮毂上的锥形表面是否磨损或不平整。

7）检查所有齿轮上的轮齿是否磨损不均、有划痕和裂纹。

8）在每个齿轮的锥形表面涂抹手动变速器油，将同步器锁环放置其上。转动同步器锁环，确保其不滑转。

9）测量每个齿轮和其周围所有的同步器锁环之间的间隙，如图6-12所示。均匀地固定齿轮处的同步器锁环，同时测量间隙值。如果间隙值小于维修极限（0.4mm），则更换同步器锁环和齿轮。

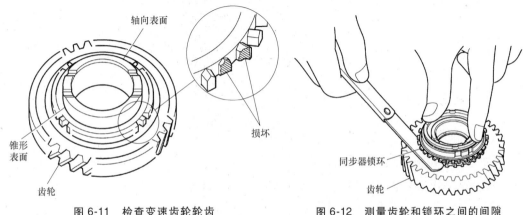

图6-11 检查变速齿轮轮齿　　　图6-12 测量齿轮和锁环之间的间隙

五、手动变速器常见故障的排除

1. 换档困难

故障现象：变速换档操作困难，挂档、退档操作较费力。

故障原因：①变速器拨叉变形；②同步器工作异常；③变速杆变形或松旷。

故障排除方法：①更换变形的拨叉；②检查同步器定位弹簧、花键毂外齿是否有卡滞变形现象，如有则更换；③更换连接件。

2. 行驶时脱档

故障现象：车辆行驶时，起步加速、制动减速、路面颠簸情况下，档位易自动脱开到空档。

故障原因：①变速器档位自锁装置失效；②变速器拨叉变形；③齿轮或同步器磨损；④变速杆件连接松旷。

故障排除方法：①检查或更换拨叉轴；②更换变形的拨叉（根据易发生脱档的档位来检查）；③更换磨损的齿轮或同步器（根据易发生脱档的档位来检查）；④更换磨损变形的变速杆件。

3. 变速器挂档有打齿响声

故障现象：离合器工作正常，挂档时出现明显齿轮干涉声。

故障原因：①同步器磨损过度或损坏；②齿轮磨损，啮合间隙变大；③换档拨叉变形。

故障排除方法：①更换相应档位同步器的同步环；②更换磨损的齿轮；③更换变形的拨叉。

4. 变速器异响

故障情况一

故障现象：车辆运行时，变速器内存在异响。

故障原因：①变速器内轴承磨损（一、二轴轴承，差速器轴承）；②齿轮磨损（一、二轴传动齿轮，差速器齿轮）；③变速器二轴本体磨损；④变速器油严重不足，或变速器内进水，或使用非专用变速器油；⑤变速器内零件固定不良。

故障排除：①检查、更换已磨损轴承；②检查、更换已磨损齿轮；③检查、更换已磨损的第二轴；④更换或添加足量专用变速器油（如果已经出现磨损则需要更换相应零件）；⑤重新装配或更换。

故障情况二

故障现象：变速器油消耗较快，变速器外部有明显油渍。

故障原因：①变速器油封磨损变形；②变速器后端盖密封圈损坏或安装不良；③变速器壳体结合面密封不良。

故障排除：①更换漏油的密封圈；②更换变速器后端盖密封圈；③变速器壳体结合面涂密封胶后重新装复，如果结合面损伤则更换壳体。

5. 变速器档位操作异常

故障现象：变速器挂档操作无法正常进行，不能准确找到所需档位。

故障原因：变速器变速杆件衬套松旷或脱落。

故障排除：更换变速杆件衬套。

你学会了吗?

1. 怎样检查换档拨叉和同步器齿套之间的间隙?
2. 怎样检查及重新组装同步器齿套和齿毂?
3. 如何检查同步器锁环和变速齿轮?
4. 手动变速器的常见故障有哪些?怎样排除?

第7天 差 速 器

 学习目标

1. 了解差速器的作用、结构与工作原理。
2. 掌握差速器的拆解和组装方法。

 基础知识

汽车转弯时,外侧驱动轮驶过的曲线距离大于内侧驱动轮。若两侧驱动轮以同一角速度转动,则外侧驱动轮必然会边滚动边滑移,而内侧驱动轮则会边滚动边滑转。驱动轮对路面的滑动一方面会加速轮胎磨损,增加动力损耗,另一方面会影响轮胎与地面的附着关系,降低汽车的转向、驱动和制动性能。

针对前置前驱汽车,其手动变速器内通常安装有一个差速器。差速器进一步增大通过变速器传递来的转矩,并把转矩分配给左侧和右侧驱动轴。此外,更重要的是可使汽车转弯时,内侧驱动轮与外侧驱动轮以不同的转速转动。

如图 7-1 所示,汽车差速器由主减速器从动齿轮、行星齿轮、行星齿轮轴、半轴齿轮、垫片、里程表主动齿轮、圆锥滚子轴承和差速器壳等组成。

传统的差速器将主减速从动轮用螺栓固定到差速器壳体上,差速器壳体支撑着行星齿轮轴、行星齿轮和半轴齿轮。差速器总成在变速器壳体内由锥轴承支

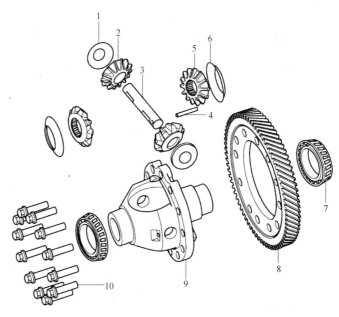

图 7-1 差速器结构
1—行星齿轮垫片 2—行星齿轮 3—行星齿轮轴 4—弹性销
5—差速器半轴齿轮 6—半轴齿轮垫片 7—差速器轴承内圈
8—主减速齿轮 9—差速器壳 10—螺栓

撑。差速器内部的行星齿轮传动装置使汽车在转弯时，车轮相差的转速通过半轴传递到半轴齿轮上，迫使行星齿轮产生自转，达到内侧驱动轮与外侧驱动轮以不同转速转动，进而使汽车能在弯道上平稳行驶的目的。

汽车差速器的工作原理如图7-2所示。

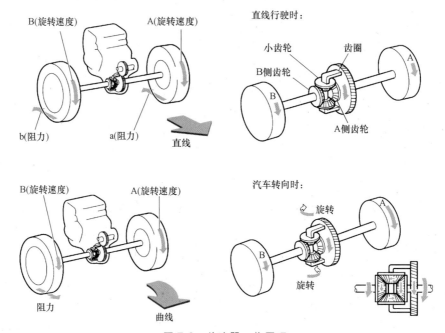

图7-2　差速器工作原理

汽车直线行驶时，左右驱动轮所受的地面摩擦阻力大致相同，发动机动力平均分配到两侧的半轴齿轮上，转矩平均分配给左右半轴，行星齿轮只是随同行星架绕差速器旋转轴线公转，两半轴齿轮同速转动，汽车直线行驶。

汽车转弯时，外侧驱动轮和内侧驱动轮的旋转速度是不同的。内侧驱动轮B有滑转的趋势，阻力较大。而外侧驱动轮A有滑拖的趋势，阻力较小。此时，行星齿轮与内驱动轮半轴齿轮啮合面的受力比与外驱动轮半轴齿轮啮合面的受力大，行星齿轮必须顺着受力较大的方向绕轴自转，外驱动轮的半轴齿轮即被加速。行星齿轮既有公转，又有自转，使两侧半轴齿轮以不同转速转动。

实际操作

下面以北汽绅宝汽车为例介绍差速器的拆解和组装方法。

一、差速器的拆解

1）沿行星齿轮轴轴向转动差速器半轴齿轮，取出差速器半轴齿轮和半轴齿轮垫片，如图7-3所示。

提示：

半轴齿轮垫片有两个处于对称位置。

2)拧出主减速齿轮固定螺栓(箭头),分离主减速齿轮和差速器壳,如图7-4所示。

提示:

拆卸前做好标记,以便安装正确。安装时,螺栓应涂抹防松胶。

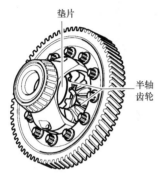

图7-3 取出半轴齿轮和垫片

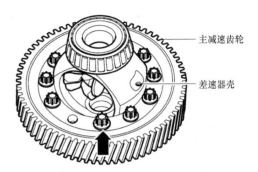

图7-4 分离主减速齿轮和差速器壳

3)将差速器放在差速器左右轴承拆装支座上。
4)使用锤子和样冲拆下弹性销,如图7-5所示。
5)使用工具向外敲击行星齿轮轴,如图7-6所示。

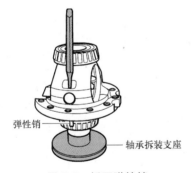

图7-5 拆下弹性销

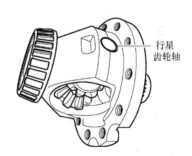

图7-6 敲出行星齿轮轴

6)当行星齿轮轴被敲出大约一半位置时,取出行星齿轮和行星齿轮垫片,如图7-7所示。
7)将行星齿轮轴完全敲出,如图7-7所示。
8)将差速器放在差速器左右轴承拆装支座上,如图7-8所示。
9)使用拉拔器和差速器左右轴承拆装垫块拆下差速器轴承内圈。

提示:

更换差速器轴承内圈及与其配合的差速器轴承外圈。

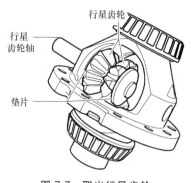
图 7-7 取出行星齿轮

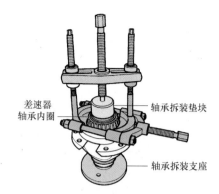
图 7-8 拆下差速器轴承

二、差速器的组装

组装以倒序进行，同时注意下列事项：

1) 将差速器放在差速器左右轴承拆装支座上，如图 7-9 所示。

2) 使用差速器左右轴承拆装垫块和差速器左右轴承安装工具，将新差速器轴承内圈压装到差速器壳上，直至极限位置。

3) 安装行星齿轮轴时，注意行星齿轮轴安装方向及其上箭头的朝向，如图 7-10 所示。

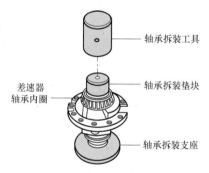
图 7-9 安装差速器轴承

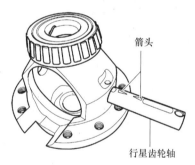
图 7-10 安装行星齿轮轴

你学会了吗?

1. 汽车上为什么要安装差速器？它主要由哪些部件组成？
2. 差速器的工作原理是怎样的？
3. 差速器的拆解步骤是怎样的？重新组装时有哪些注意事项？

第二章

自动机械式变速器(AMT)

第 8 天　AMT 变速器的结构与工作原理

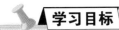

1. 了解 AMT 变速器的特点和类型。
2. 了解 AMT 变速器的结构组成和工作原理。
3. 掌握 AMT 变速器的使用方法和注意事项。

一、什么是 AMT 变速器

AMT 变速器也称电控机械式自动变速器。该技术是在手动变速器主体结构的基础上，通过加装微电脑控制的电动装置，执行原来由人工操作完成的换档动作，实现换档全过程的自动化。AMT 变速器具备原理简单、成本较低，同时传动效率较高的优点。

目前，按照执行机构动力源的不同，AMT 变速器可分为电控气动、电控液动和电控电动三种类型。

AMT 变速器能根据车速、节气门开度、驾驶人命令等参数，确定最佳档位，控制原来由人工完成的离合器分离与接合动作，变速杆的摘档与挂档，以及发动机节气门开度的同步调节等操作过程，最终实现换档过程的操纵自动化。长城01AM 电控电动式自动变速器控制系统的构成如图 8-1 所示。

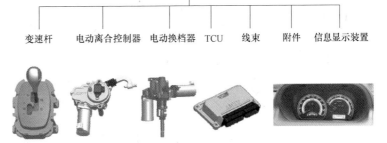

图 8-1　AMT 控制系统的构成

二、AMT变速器的主要安装部件

如图8-2所示，AMT变速器上安装的主要部件是离合器控制器和电动换档器，它们分别控制离合器的接合与分离，以及选档与换档动作。

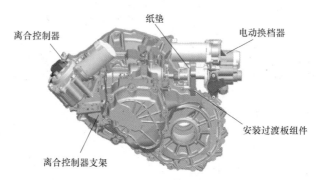

图8-2 AMT变速器主要安装部件

如图8-3所示，对于电控液压式AMT变速器，其电控液压控制单元主要由阀体总成、离合器执行机构、动力单元等组成。动力单元包括电动机、蓄能器、齿轮泵和储油壶，可为液压执行器提供动能。离合器执行机构主要控制离合器的分离与接合。阀体总成执行选档与换档操作。

三、电动换档器

AMT变速器电动换档器（选换档执行机构）的构造如图8-4所示，它主要由选档电动机、换档电动机和档位传感器三部分组成。

图8-3 AMT变速器电控液压控制单元

传统手动变速器的变速杆挂档操作可分解为两个动作，即变速杆左右摆动对应换档摇臂的上下选档动作，变速杆前后移动对应换档摇臂的左右换档动作。选档电动机的作用就是实现换档摇臂的上下选档动作，换档电动机则是实现换档摇臂的左右换档动作。角度传感器对换档摇臂的实际位置进行检测，感知档位的选换情况。

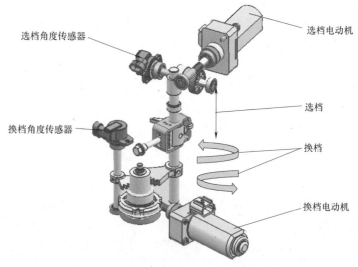

图8-4 AMT变速器选换档执行机构

四、离合器控制器

AMT 变速器离合器控制器的结构如图 8-5 所示。离合器控制器通过 TCU（变速器控制单元）发送的信号，控制离合器的分离与接合。电动机为直流电动机，通过调节电动机工作电流的大小来改变电动机的转矩，从而控制离合器拉钩的动作。

离合器控制器的内部构造如图 8-6 所示，离合器控制电动机通过蜗轮蜗杆减速机来驱动离合器拉钩，实现离合器的操作。蜗轮蜗杆减速机是一种动力传递机构，利用齿轮组来改变传动比，进而获得较大转矩。

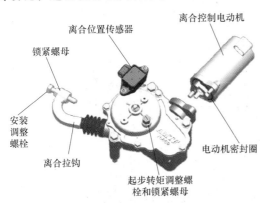

图 8-5 离合器控制器构成图

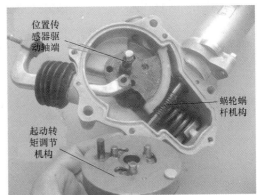

图 8-6 离合器控制器的内部构造

五、变速杆

变速杆的结构如图 8-7 所示，它的作用是将驾驶人的换档意图提供给 TCU，TCU 接收该指令进行面板模式上的改变，并实施档位的变换。AMT 变速器变速杆的作用类似于自动变速器的变速杆，不过没有"P"位，因为 AMT 变速器是基于手动变速器研发而来的，而手动变速器只有"N"位和固定的前进位。有些 AMT 变速器与手自一体变速器一样增加了手动换档功能，从而提升了驾驶乐趣。

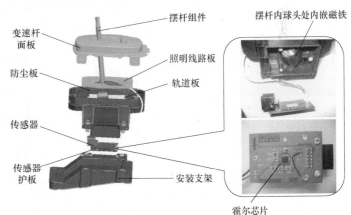

图 8-7 变速杆结构

变速杆的工作流程：驾驶人切换档位时，变速杆内部的霍尔传感器会产生电信号，并向 TCU 发出电信号。TCU 对电信号进行处理（即判断需切换的档位），再向换档执行机构发出控制信号进行换档。

> **注意：**
>
> 严禁拆卸传感器护板和传感器，否则会导致变速杆输出电压错误，不能正常工作。

六、信息显示装置

如图8-8所示，同自动变速器车型一样，AMT变速器车型的仪表板也有数字档位显示功能。当变速杆移动到相应档位时，TCU向仪表板发送档位信息，显示变速器的档位状态。车辆行驶时，仪表板可直观地告知驾驶人当前AMT变速器所挂的前进档位。

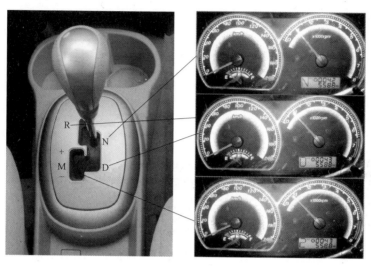

图8-8 档位信息显示

七、AMT变速器的使用方法

长安新奔奔IMT（智能机械式变速器）车型的换档器如图8-9所示。旋钮式换档器有R、N、D、M四个固定位，在D位和M位时可通过安装在转向盘上的拨片进行手动换档操作。

1）点火起动：IMT车型起动需同时满足N位+制动踏板有效，其他档位无法起动，即换档器必须置于N位，且仪表板显示N位。

2）挂档：从N位挂D位或者从N位挂R位，必须制动踏板有效，否则系统不予执行。

3）空档滑行：在下坡或其他可滑行路段，直接将换档器转到N位（不需要踩制动踏板），系统将执行N位操作。当需要发动机制动时（不用踩制动踏板），再将换档器转到D位，系统将执行D位操作。

图8-9 旋钮式换档器

4）推车助燃起动发动机：在蓄电池电能即将耗尽时，可通过N位推车。当车速达到一定程度时，不踩制动踏板挂档起动发动机。

长城01AM变速器的使用方法如下。

R位—倒车档：倒车时使用，起动发动机后，在充分制动（使用制动踏板使车辆静止并保持）的情况下，将变速杆向左前方推到位，且显示器稳定显示"R"时，变速器挂入倒档工作。若此时起步,则车辆向后行驶。

N位—空档:无动力档位,当变速杆处于N位,且显示器稳定显示"N"时,变速系统处于不传递动力状态。

> **注意:**
> 1)只有变速杆置于"N"位,并踩下制动踏板时才能使用点火开关的"ST"位(起动机工作档)起动发动机。
> 2)只有发动机处于运转状态时自动换档机构才执行换档操作,否则系统除接受"N"位指令外,不接受其他任何操作指令。

D位—自动前进档模式:变速器会根据驾驶人意图自动调整档位。如果需要超车或者爬坡,将加速踏板踩到底,系统会自动降低一个档位,增大输出转矩,以便加速。因此,突然深踩加速踏板时出现换档现象是正常的。

> **警告:**
> 当显示器显示的"R"或"D",或某个阿拉伯数字(如1、2、3等)闪烁时,表示系统正在控制换档的过程中,切勿在字符闪烁时踩下加速踏板起步。

M位—手动选择档位模式:
1)"+"—手动模式下档位增1:触发后,系统工作档位增1(升一级档,当进入5档或车速低于较高一级档位的最低工作车速时除外)。
2)"-"—手动模式下档位减1:触发后,系统工作档位减1(降一级档)。

> **警告:**
> 当需要强制使用发动机制动时,应使用"M"手动模式,当车速对应的发动机转速较高时,发动机将参与车辆制动。

2档起步模式的起动:当手动触发"+",使变速器挂入2档,仪表上会有"winter"绿色显示灯亮起。

> **警告:**
> 1)当车速低时,系统不执行增档指令,以保护动力及传动系统。
> 2)当车速低于当前工作档位的最低工作车速时,系统会自动降档,以保护动力及传动系统。
> 3)当车辆在冰雪路面起步时,推荐使用2档起步模式。

停车或泊车:触发"N"功能,待显示器稳定显示"N"后,熄灭发动机,按规定停车或泊车。如果需要使用发动机制动以增加泊车状态下的安全性，则在熄灭发动机前，根据道路情况选择前进档或倒档。

注意：

此功能仅用于辅助泊车。

你学会了吗？

1. 什么是 AMT 变速器？它有何特点？
2. 按照执行机构动力源的不同，AMT 变速器可分为_____、_____和_____三种。
3. 电控电动式 AMT 变速器的两个主要执行机构是_____和_____。
4. AMT 变速器和手动变速器的使用方式有什么相同点和不同点？

第9天　AMT 变速器的维修

学习目标

1. 了解 AMT 变速器离合器执行机构、选换档执行机构和传感器的装配要点。
2. 掌握 AMT 变速器离合器执行机构拉索的调节方法。
3. 掌握 AMT 变速器系统自学习、离合器半接合点自学习的操作方法。
4. 了解 AMT 变速器系统的故障诊断方法。

实际操作

一、长安奔奔 IMT 变速器维修

1. 离合器执行机构装配要点

如图 9-1 所示，安装离合器执行机构时，注意以下两点：

1) 离合器位置传感器齿扇中间齿槽与离合器执行机构齿轮的一个齿啮合。

2) 离合器执行机构齿条中间齿槽与离合器执行机构齿轮的另一个齿啮合。

2. 选换档执行机构装配要点

1) 选换档执行机构的装配要点 1 如图 9-2 所示。

2) 选换档执行机构的装配要点 2 如

图 9-1　离合器执行机构的安装

图 9-3 所示。

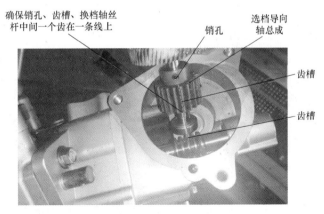

图 9-2 装配要点 1

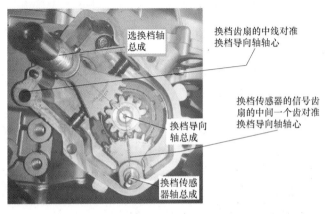

图 9-3 装配要点 2

3. 离合器执行机构拉索调节方法

1) 用 10 号和 14 号扳手拧松离合器拉索锁紧螺母 A 和调节螺母 B, 如图 9-4 所示。

2) 车辆在 D 位完全断电后, 确认离合器执行机构处于完全接合状态后, 顺时针拧紧拉索调节螺母 B, 以完全消除调节螺母 B 与拨叉间的间隙。

图 9-4 离合器执行机构拉索的调节

3) 用故障诊断仪进行半接合点自学习(半接合点自学习, 需保证档位在 N 位, 发动机起动)。

4) 用故障诊断仪读取自学习数据, 检查半接合点数值是否在 2500~2800 内。

5) 如果半接合点数值偏低, 例如只有 2100, 则向左松离合器拉索调节螺母 B。反之, 如果半接合点值偏高, 例如 2900, 则向右紧拉索调节螺母 B。

6) 重新执行 3)、4)、5)、6) 步骤, 使半接合点值控制在 2500~2800 内。

7) 拧紧锁紧螺母 A, 使其与拉索调节螺母 B 互锁。

4. 角度传感器的装配要点

选、换档角度传感器的安装方法如图 9-5 所示。

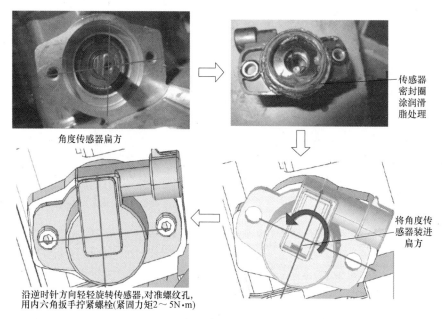

图 9-5 角度传感器的安装方法

5. IMT 变速器自学习

1）连接诊断仪到整车故障诊断接口。

2）点火开关置于 ON 位，发动机熄火（点火开关信号、电压正常），变速杆置于 N 位。

3）打开诊断仪开关，进入 AMT 变速器系统。

4）读取故障码，确保执行机构及传感器无故障。

5）进入自学习功能界面，点击开始执行，系统显示自学习功能界面。

6）单击变速器自学习，此时界面显示变速器自学习，车辆进行 1、2、5、3、4、R 各档位切换，同时仪表板显示档位切换过程。

7）变速器自学习成功后系统显示变速器自学习成功。

8）变速器自学习成功后，点火开关完全断电 3s。

6. 离合器半接合点自学习

1）连接诊断仪到整车故障诊断接口。

2）打开诊断仪开关，进入 AMT 变速器系统。

3）读取故障码，确保执行机构及传感器无故障。

4）进入自学习功能界面，点击开始执行，系统显示自学习功能界面。

5）踩下制动踏板并起动发动机，待发动机转速平稳（可多踩几次加速踏板）。

6）变速杆置于 N 位，节气门开度为零。

7）松开制动踏板。

8）进行离合器半接合点自学习。

9）离合器半接合点自学习成功后，点火开关完全断电 3s。

二、长城01AM变速器的维修

1. AMT系统自学习操作

为实现精确控制，排除制造误差对AMT系统性能的影响，系统安装结束后必须对各控制组件的机械位置等进行学习确认。在下列情况下，AMT系统需要进行自学习：

1）更换换档器。
2）拆装或调整换档器上的传感器。
3）更换离合控制器。
4）拆装或调整离合位置传感器。
5）更换或拆装离合器摩擦片或压盘。
6）调整过离合起步转矩，需要恢复默认值时。
7）系统断电或拆装TCU。

系统自学习的步骤如下：

1）准备工作：连接蓄电池负极，变速杆置于"N"位，驻车制动处于拉起位置，关闭所有附属用电设备。
2）打开点火开关（ON）。
3）故障灯点亮，等待仪表板稳定显示"N"，如图9-6所示。

变速器故障灯常亮　　　　　　　仪表板稳定显示"N"

图9-6　仪表板显示"N"

4）踩制动踏板同时起动发动机。
5）发动机转速平稳后，使车辆保持下列状态：
① 空调和鼓风机处于完全关闭状态。
② 灯光系统处于完全关闭状态。
③ 驻车制动器处于制动状态。
④ 加速踏板处于完全放松状态。
⑤ 转向盘处于正向放松状态。
⑥ 车门玻璃升降系统处于完全关闭状态。
⑦ 车辆前方2m范围内没有障碍物。
6）踩住制动踏板，挂"D"位，等待变速器故障指示灯熄灭，期间车辆必须严格保持5）中的状态。自学习完成，如图9-7所示。

2. 离合控制器的安装及调整

如图9-8所示，将离合控制器安装到变速器上。

图 9-7 故障指示灯熄灭

注意：

进行此操作后必须使系统重新初始化学习，并标定离合器起步初始位置。

安装离合控制器后，按如下方法调整：如图 9-9 所示，旋转调整螺栓到与分离拨叉刚刚接触位置，再转 1 圈，然后拧紧锁紧螺母。调整离合间隙后，用手拉离合拉钩，有拉弹簧的感觉，行程大于 3mm。

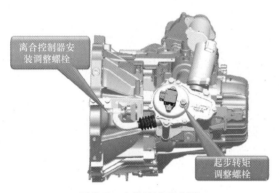

图 9-8 安装离合控制器

图 9-9 调整离合控制器

3. 电动换档器的安装及调整

1）把换档轴推到底（如图 9-10 所示箭头指向）。

2）确保换档拨块位于塑料件的开孔中。

3）换档拨块的换档指与互锁板的弯指对齐。

4）保证接合面处的密封圈完好。

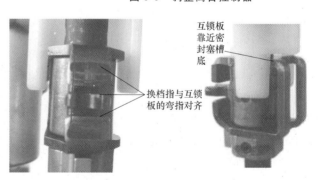

图 9-10 安装电动换档器

4. AMT 系统的故障诊断

AMT 系统出现故障时，仪表板上的变速器故障灯（ ）点亮，液晶显示屏会以频闪的方式显示故障码（0.5s 工作档位及故障码同步闪烁，0.5s 里程显示），如图 9-11 所示。

AMT 变速器的故障码及含义见表 9-1。

故障码

图 9-11 变速器故障码显示

表 9-1 AMT 故障码及含义

故障码	故障码含义	检测项目	故障现象	关联部件
21	ABS 车速信号故障（CAN 接收 ABS 数据）	ABS 系统及 CAN 总线	在减速或加速时没有车速信号 1 输入，换档延迟	1) ABS 传感器 2) ABS 电脑 3) ABS CAN 通信线
22	车速传感器故障	变速器车速传感器	在减速或加速时没有车速信号 2 输入，换档延迟	1) 线束插头 2) 车速传感器 3) TCU
23	1) ABS 车速信号 1 与变速器车速传感器信号 2 同时产生故障 2) 离合器摩擦片打滑	离合器摩擦片	明显出现失去动力现象	离合器摩擦片、压盘
30	换档操纵机构系统故障	换档操纵机构	换档电动机无动作，或换档电动机有动作而行程不足，变速器选换档机构动作不畅	1) 线束插头、端子 2) 蓄电池负极线 3) 电动换档器总成 4) TCU 5) 变速器
31	倒档故障	电压	选档未到位，挂档无动作或挂档行程不足	1) 电动换档器总成 2) 变速器机械组件
33	挂档传感器搭铁	引脚通断		1) 挂档传感器 2) 线束
34	挂档传感器开路	引脚通断		1) 挂档传感器 2) 线束
35	1 档不能挂入	电压	选档未到位，挂档无动作或挂档行程不足	1) 电动换档器总成 2) 变速器 1 档机构
36	2 档不能挂入	电压	选档未到位，挂档无动作或挂档行程不足	1) 电动换档器总成 2) 变速器 2 档机构
37	3 档不能挂入	电压	选档未到位，挂档无动作或挂档行程不足	1) 电动换档器总成 2) 变速器 3 档机构

（续）

故障码	故障码含义	检测项目	故障现象	关联部件
38	4档不能挂入	电压	选档未到位，挂档无动作或挂档行程不足	1）电动换档器总成 2）变速器4档机构
39	5档不能挂入	电压	选档未到位，挂档无动作或挂档行程不足	1）电动换档器总成 2）变速器5档机构
40	离合操纵机构系统故障	离合器操纵机构、离合器总成、离合分离连接机构	离合拉钩无动作，或动作行程不足，离合分离连接机构阻力大	1）线束插头、端子 2）蓄电池负极线 3）离合器压盘及连接机构 4）离合器操纵机构 5）TCU
43	离合传感器搭铁	引脚通断		线束
44	离合传感器开路	引脚通断	离合无动作	
70	选档机构系统故障	选档机构	选档电动机无动作，或选档电动机有动作而行程不足，变速器选换档机构动作不畅	1）线束插头、端子 2）变速器换档机构 3）TCU 4）变速器
73	选档传感器搭铁	引脚通断	选档无动作	线束
74	选档传感器开路	引脚通断	选档无动作	
80	变速杆机构系统故障	变速杆机构	线束插接件接触不良	1）线束插头、端子 2）变速杆总成 3）TCU
81	变速杆传感器搭铁	引脚通断		线束
82	变速杆传感器开路	引脚通断		
91	CAN故障，TCU接收ECU发出的CAN数据不正常			1）CAN线路 2）ECU
92	CAN故障，TCU接收ABS发出的CAN数据不正常			1）CAN线路 2）ABS电脑

你学会了吗？

1. 长安奔奔IMT变速器离合器执行机构、选换档执行机构的装配要点有哪些？
2. 怎样调节AMT变速器的离合器执行机构拉索？
3. AMT系统自学习方法是什么？怎样进行离合器半接合点自学习？

第三章

自动变速器（AT）

第10天　自动变速器的结构与工作原理

1. 了解行星齿轮式自动变速器的组成及各部件作用。
2. 了解自动变速器的结构与工作原理。
3. 通过故障案例了解自动变速器的故障排除方法。

自动变速器（AT）通常指液力行星齿轮式变速器，它是由液力变矩器和行星齿轮变速机构组合而成的。自动变速器根据车速和发动机转速自动换档，大大减轻了驾驶人的操作压力。

自动变速器的组成如图10-1所示，它由液力变矩器、行星齿轮变速机构、换档执行机构、液压控制系统和电子控制系统组成。

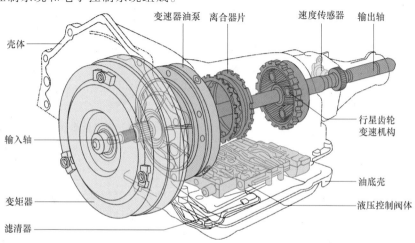

图10-1　自动变速器的结构组成

一、液力变矩器

液力变矩器位于自动变速器的最前端,安装在发动机的飞轮上。液力变矩器是一种液力传动装置,它以液体为工作介质来进行能量转换。液力变矩器的结构如图10-2所示,它由泵轮、涡轮、导轮(定子)和锁止离合器组成。液力变矩器的能量输入部件是泵轮,以"B"表示,它和发动机的输出轴相连,并将发动机输出的机械能转换为工作介质的动能。液力变矩器的能量输出部件是涡轮,以"T"表示,它将液体的动能转换为机械能,并将发动机的动力传给自动变速器的输入轴。

图10-2 液力变矩器的组成部件

液力变矩器的工作原理就像两个相对而置的风扇,一个风扇(泵轮)在发动机驱动下转动,然后带动另一个风扇(涡轮)转动。泵轮搅动变矩器中的自动变速器油(ATF),带动涡轮转动,ATF在壳体中循环。由于泵轮旋转时会产生离心力,ATF会在泵轮的作用下甩向外侧,冲向前方的涡轮,再流向轴心位置,回到泵轮一侧。如此周而复始地循环,将动力传向与变速器相连的涡轮。

如图10-3所示,发动机起动后带动泵轮旋转。受离心力的作用,ATF既有随泵轮一起转动的圆周运动,又有冲向涡轮的轴向运动,推动涡轮与泵轮同向转动。当涡轮转速较低时,从涡轮流出的ATF向后流动,冲击导轮叶片的前面。因为导轮被单向离合器锁定不能向后转动,所以其叶片将向后流动的ATF导向前,推动泵轮叶片,促进泵轮旋转。这相当于导轮与泵轮都对液力变矩器内的ATF施加了正向转矩。当输入与输出转速稳定时,两正向转矩之和等于涡轮对ATF的反向转矩,从而使涡轮的输出转矩大于泵轮的输入转矩,起到增矩的作用。涡轮的转速越低,导轮改变ATF流动方向的作用越强,增大转矩的作用越明显。

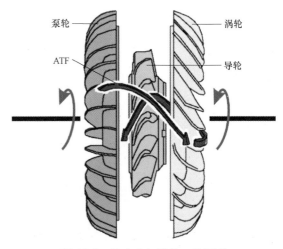

图10-3 液力变矩器的工作原理

液力变矩器利用液体实现能量转换,而这一过程中不可避免地会产生能量损失。因此在车速较高时,随着涡轮转速与泵轮转速接近,液力变矩器通过电磁阀引入压力油将锁止离合器与壳体直接相连,即将涡轮与泵轮刚性地连接在一起,实现机械传动,以提高传动效率如图10-4所示。现在的轿车自动变速器普遍采用带锁止离合器的液力变矩器。

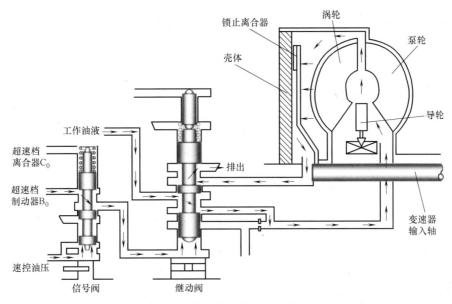

图 10-4 锁止离合器的工作原理

二、行星齿轮变速机构

自动变速器通过行星齿轮变速机构来变换档位，实现不同前进档及倒档。这种行星齿轮处于常啮合状态，可使换档迅速、平稳、准确，而不会产生齿轮碰撞或不完全啮合的现象。行星齿轮变速机构分为单排行星齿轮变速机构和多排行星齿轮变速机构，其中单排行星齿轮机构不能满足汽车行驶中变速、变矩的需要。可通过增加行星齿轮机构来获得不同的传动比。目前，常见的复合式行星齿轮机构有：辛普森式行星齿轮机构和拉维娜式行星齿轮机构。

1. 单排行星齿轮

如图 10-5 所示，单排行星齿轮机构由一个太阳轮（中心轮）、一个行星架、一个齿圈和几个行星齿轮组成。太阳轮位于机构的中心，行星齿轮安装于行星架的行星齿轮轴上，与齿圈和太阳轮均啮合。通常有 3~6 个行星齿轮，它们均匀或对称布置。各行星齿轮借助于滚针轴承和行星齿轮轴安装在行星架上，两端有推力垫片。行星齿轮既可绕行星齿轮轴自转，又可在齿圈内转动，绕太阳轮公转。

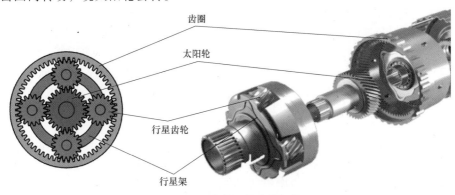

图 10-5 单排行星齿轮机构

由于单排行星齿轮机构有两个自由度，它没有固定的传动比，不能直接用于变速传动。为了组成具有一定传动比的传动机构，必须将太阳轮、内齿圈和行星架这三个基本元件中的一个加以固定（即使其转速为0，也称为制动），或使其运动受到一定约束（即让该机构以某一固定转速旋转），或将两个基本元件互相连接在一起（即使两者转速相同），使行星排变为只有一个自由度的机构，获得确定的传动比。

（1）齿圈固定-太阳轮主动-行星架被动（图10-6）

太阳轮带动行星齿轮沿静止的齿圈旋转，从而带动行星架以较慢的速度与太阳轮同向旋转，传动比为 $i_{13}=n_1/n_3=1+\alpha$。式中，n_1—太阳轮转速；n_2—齿圈转速；n_3—行星架转速；α—齿圈与太阳轮的齿数/半径比。传动比大于1，为前进降速档。

（2）齿圈固定-行星架主动-太阳轮被动（图10-7）

传动比为 $i_{31}=n_3/n_1=1/(1+\alpha)$，为前进超速档。

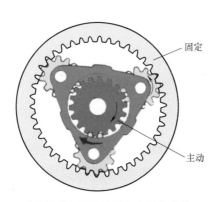

图10-6　齿圈固定，太阳轮主动

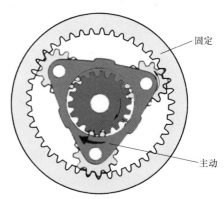

图10-7　齿圈固定，行星架主动

（3）太阳轮固定-行星架主动-齿圈从动（图10-8）

此时 $n_1=0$，传动比 $i_{32}=n_3/n_2=\alpha/(1+\alpha)<1$，为前进超速档。

（4）太阳轮固定-齿圈主动-行星架被动（图10-9）

传动比为 $i_{23}=n_2/n_3=(1+\alpha)/\alpha>1$，为前进降速档。

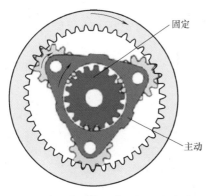

图10-8　太阳轮固定，行星架主动

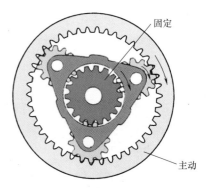

图10-9　太阳轮固定，齿圈主动

（5）行星架固定-太阳轮主动-齿圈被动（图10-10）

行星架固定时，行星齿轮只能自转，太阳轮经行星齿轮带动齿圈旋转，输出动力。齿圈的旋转方向与太阳轮相反。因 $n_3=0$，故传动比为 $i_{12}=n_1/n_2=-\alpha<0$，为倒车减速档。

（6）行星架固定，齿圈主动，太阳轮被动（图10-11）

行星架固定，行星齿轮只能自转，齿圈经行星齿轮带动太阳轮旋转，输出动力。太阳轮的旋转方向与齿圈相反，传动比为 $i_{21}=n_2/n_1=-1/\alpha$，为倒车超速档。

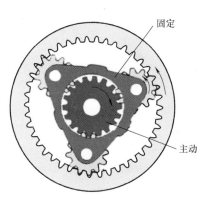

图10-10 行星架固定，太阳轮主动

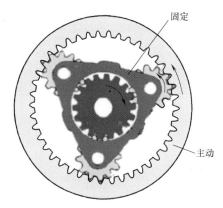

图10-11 行星架固定，齿圈主动

（7）直接传动（直接档）

若三元件中的任两元件被连接在一起，则第三元件必然与这两者以相同的转速、相同的方向转动。

（8）自由转动（空档）

若所有元件均不受约束，则行星齿轮机构失去传动作用。这种状态相当于空档。

2. 辛普森式行星齿轮机构

辛普森式行星齿轮机构的特点是两排行星齿轮机构共用一个太阳轮。如图10-12所示，它由4个独立的元件组成：前齿圈、前后太阳轮组件、后行星架、前行星架和后齿圈组件。前面可以加一排超速行星齿轮机构以增加自动变速器的档位。

丰田汽车的自动变速器经常采用辛普森式行星齿轮机构。丰田 A340E 自动变速器的行星齿轮机构如图10-13所示。

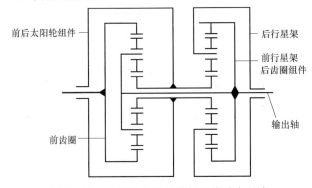

图10-12 辛普森式行星齿轮机构啮合形式

图10-13 辛普森式行星齿轮机构

3. 拉维娜式行星齿轮机构

拉维娜式行星齿轮机构是一种复合式行星齿轮机构，如图10-14所示。它由一个单行星轮式行星排和一个双行星轮式行星排组合而成，两个行星排共用一个齿圈和一个行星架。因此它只有 4 个独立元件，即大太阳轮、小太阳轮、行星架、齿圈。这种行星齿轮机构具有结构简单、尺寸小、传动比变化范围大、灵活多变等特点，可以组成有 4 个前进档的行星齿轮机构，应用于许多轿车的自动变速器，如大众、奥迪、福特、马自达等品牌车型的自动变速器。

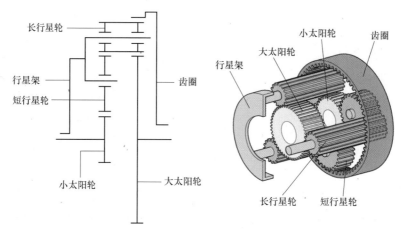

图 10-14　拉维娜式行星齿轮系统

三、换档执行机构

自动变速器中的所有齿轮都处于常啮合状态，其档位变换必须通过以不同的方式对行星齿轮机构的基本元件进行约束（即固定或连接某些基本元件）来实现。能对这些基本元件实施约束的机构，就是行星齿轮式变速器的换档执行机构。

现代 F4A42 自动变速器的换档执行机构如图 10-15 所示。

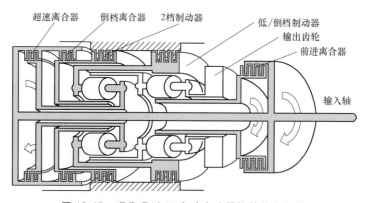

图 10-15　现代 F4A42 自动变速器换档执行机构

自动变速器的换档执行机构由离合器、制动器、单向离合器三种执行元件组成，它们起连接、固定和锁止作用。

1）连接：指将行星齿轮变速器的输入轴与行星排中的某个基本元件连接，以传递动力。或将前一个行星排的某一个基本元件与后一个行星排的某一个基本元件连接，以约束这两个基本元件的运动。

2）固定：指将行星排的某一基本元件与自动变速器的壳体连接，使其固定而不能旋转。

3）锁止：指将某个行星排的三个基本元件中的两个连接在一起，从而将该行星排锁止。

换档执行元件按一定的规律对行星齿轮机构的某些基本元件进行连接、固定或锁止，让行星齿轮机构获得不同的传动比，从而实现档位的变换。

四、液压控制系统

自动变速器的自动控制是靠液压控制系统来完成的，液压控制系统由动力源、执行机构和控制机构三个部分组成。

如图10-16所示，动力源指由液力变矩器泵轮驱动的油泵，它除向控制机构、执行机构供给压力油以实现换档外，还给液力变矩器提供冷却补偿油，向行星齿轮变速器供给润滑油。

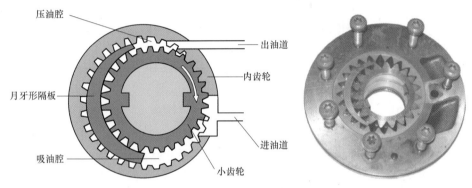

图 10-16 自动变速器油泵

执行机构包括离合器、制动器和液压缸。

控制机构主要包括主油路系统、换档信号系统、换档阀系统和缓冲安全系统。根据其换档信号系统和换档阀系统采用的是全液压元件还是电子控制元件，可将控制机构分为液控式和电控式两种。如图10-17所示，自动变速器的各种阀体都安装在阀体总成上。

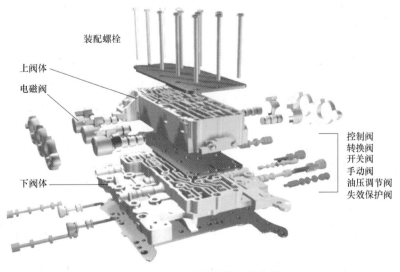

图 10-17 自动变速器阀体总成

自动变速器的液压控制系统由油泵产生压力油,最终通过油路(图10-18)来产生作用,实现变矩器锁止离合器的锁止与释放、换档执行机构(离合器与执行器)的动作,使变速器能自动变换档位。

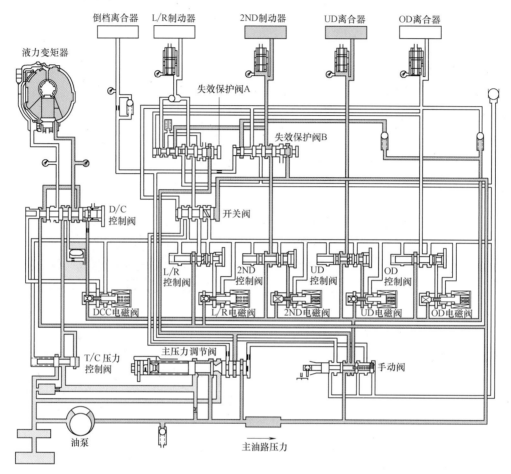

图 10-18　自动变速器 2 档工作油路

五、电子控制系统

如图 10-19 所示,自动变速器的电子控制系统由传感器、电子控制单元(TCM)和执行器三部分组成。电子控制系统将车速信号和节气门开度信号转变成电信号传送给自动变速器控制单元,作为换档控制的基本信号,经过控制单元的分析、计算、判断,向各种电磁阀(如换档电磁阀、油路压力调节电磁阀、锁止控制电磁阀)发出指令,驱动电磁阀工作,实现换档、油压、锁止、平顺性、冷却强度等的控制。

🔧 ▲维修案例

1. 捷达 01M 自动变速器无倒档

故障现象:一辆配装 01M 自动变速器的捷达轿车因驾驶人不小心将变速器油底壳碰坏,经修理后发现该车没有倒车档,但前进档正常。

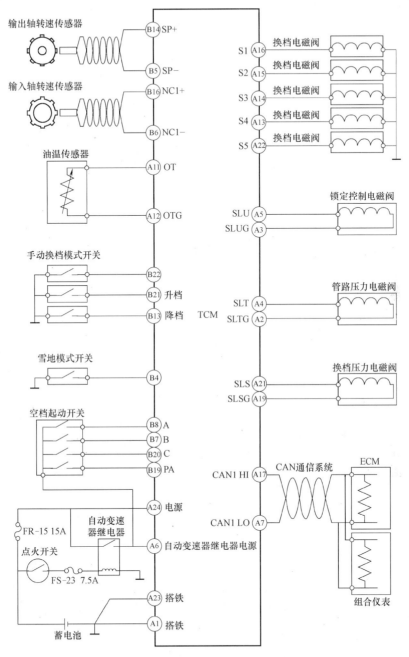

图 10-19　自动变速器电控系统

故障诊断与排除：

1）将变速杆置于前进档，即 1、2、3、D 位，各前进档工作良好。将变速杆置于倒车档，踩下加速踏板，车辆没有向后移动。

2）01M 自动变速器倒档时的动力传递流程如图 10-20 所示，倒档离合器 K2 闭合，驱动大太阳轮，1档、倒档制动器 B1 锁止行星架，实现倒车档。

3）根据 01M 自动变速器倒档工作原理，分析无倒档的可能故障原因如下：

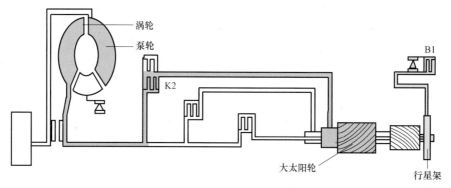

图 10-20　01M 倒档动力传递流程

① 倒档离合器 K2 故障，导致大太阳轮不工作。
② 电磁阀 N92 故障或其控制的油路堵塞。
③ 倒档制动器 B1 故障，导致行星齿轮架无法固定，一直处于旋转工作状态，大太阳轮的旋转动力无法传至齿圈。
④ 相关油路堵塞。

4）分解变速器，检查倒档离合器 K2 及倒档制动器 B1。

① 分解倒档离合器 K2。拆卸自动变速器油泵，取出倒档离合器 K2，分解倒档离合器 K2。检查离合器 K2 的内片和外片。发现内、外片均已因温度过高而变形，有退火现象，并有焦糊味。检查离合器 K2 活塞及弹簧，发现活塞及弹簧支承板在离合器壳体内无法自由转动，均有受热膨胀变形的可能性。检查后确定，应更换离合器 K2。

② 检查倒档制动器 B1。取出倒档制动器 B1，检查制动器 B1 的内片和外片，基本正常，无需更换。检查 B1 活塞，确定倒档活塞裙部无断裂泄油处，辊子、弹簧安装位置牢靠，没有松脱现象，保持架与外环位置装配正确，无错位变形处。检查后，确定倒档制动器 B1 无故障。

5）检查滑阀箱内的电磁阀 N92，无故障。清洗相关油路，确定无堵塞现象。

6）更换倒档离合器 K2，重新正确组装该车自动变速器，加注自动变速器油。

7）安装完毕后，进行路试，倒档工作正常，其他各档工作状况良好，故障排除。

2. 自动变速器 1 档升 2 档冲击大

故障现象：一辆配装 09G 自动变速器的速腾轿车，该车挂前进档（D 位）起步加速时，由 1 档升 2 档的过程中车身抖动、换档冲击大，且每次从前进档（D 位）起步时均有此现象发生。3、4、5 档之间切换时都正常。

故障诊断与排除：

1）由故障现象可知，该故障的原因可能是控制 1 档升 2 档的某个电气部件或机械部件出现了问题。

2）用 VAS5051 诊断仪进入网关安装列表查询，无故障码。进入 02（自动变速器系统）界面读取自动变速器测量数据，显示正常。自动变速器控制单元编码正确。

3）检查自动变速器油油位和油质，均正常，无明显的色泽变化及焦糊味。做自动变速器失速试验，发动机转速在 2000r/min 左右，证明自动变速器内部离合器与制动器等摩擦元件正常。

4) 09G 自动变速器换档时各元器件工作原理如图 10-21 所示。1 档升 2 档过程中，自动变速器 1、2 档切换时参与工作的执行元件有 K1 和 B1，对应的电磁阀是 N92 与 N283。

档位（传动比）	多片离合器			制动器		单向离合器
	K1	K2	K3	B1	B2	F1
1(4.148)	X				(X)	X
2(2.37)	X			X		
3(1.556)	X		X			
4(1.159)	X	X				
5(0.859)		X	X			
6(0.686)		X			X	
R(3.394)			X		X	

图 10-21　09G 自动变速器档位与换档执行元件对应关系

5) 09G 的换档电磁阀控制电路如图 10-22 所示。检查电磁阀 N92 与 N283 电路，用万用表测量电路，无短路和开路现象。

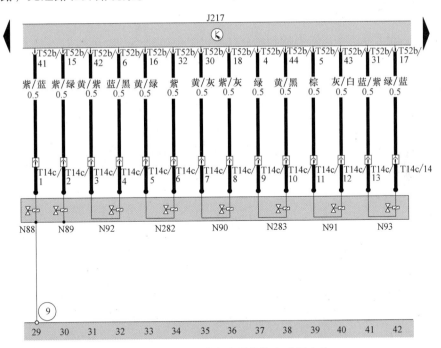

图 10-22　09G 自动变速器换档电磁阀电路

6) 拆下自动变速器的滑阀箱。检查 N283 电磁阀是否有堵塞、卡滞现象，结果正常。进一步拆检与 N283 电磁阀相连的机械阀，发现机械阀的弹簧已断裂。

7) 更换新的 09G 自动变速器滑阀箱，故障排除。

如图 10-23 所示，N283 电磁阀本身是 PWM 调压阀。无占空比信号通过电磁阀时，油道的压力最大，此时机械阀压住机械阀弹簧。当电磁阀通入占空比信号后，油道泄压，此时机械阀弹簧推动机械阀移动，切换油道。但机械阀弹簧断裂后总弹簧力小于规定值，在 N283 电磁阀通占空比信号后机械阀弹簧不能迅速推动机械阀移动进行油道切换，导致 B1 制动器的活塞不能迅速移动，造成1档升2档时车身抖动，换档冲击大。

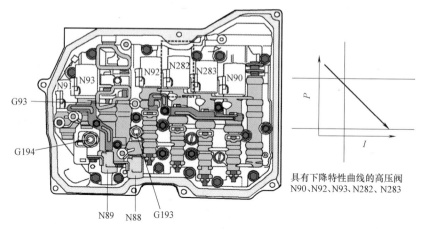

具有下降特性曲线的高压阀
N90、N92、N93、N282、N283

图10-23 09G自动变速器电磁阀分布

 你学会了吗?

1. 行星齿轮式自动变速器由哪些部分组成，它们各起什么作用？
2. 液力变矩器和行星齿轮变速机构是怎样工作的？
3. 换档执行机构包括哪些部件？是怎样实现自动换档的？
4. 自动变速器换档冲击问题通常与哪些部件有关？

第11天 自动变速器的就车维修

 学习目标

1. 学会检查自动变速器油（ATF）油位及状态。
2. 掌握自动变速器油的更换方法。
3. 掌握道路测试、失速转速测试、油压测试和手动换档测试方法。
4. 学会调整自动变速器的换档拉索。

 实际操作

一、自动变速器油（ATF）的检查

1. 检查ATF油位

注意：ATF油面必须在热机状态下进行检查，即ATF温度处于70~80℃时。

1）将车辆停在水平地面上。
2）在发动机怠速状态下，把变速杆换到所有的档位，最后置于"P"位。
3）抽出ATF油位尺，并擦净。在热机状态下检查ATF油位。

4）如果油位低于"HOT"刻度（图11-1），则检查 ATF 是否泄漏并加注 ATF。

5）如果油位超过"HOT"刻度，则说明 ATF 过量，需要拧开油底壳放油螺塞放出部分 ATF，然后再检查油位。

2. 检查 ATF 状态

当自动变速器内部发生故障时，ATF 的状态很可能会改变，因此可从 ATF 的状态判断自动变速器内部是否发生故障。

良好的 ATF 应该是红色的，且黏度适中。检查时，观察 ATF 中有无微小的金属屑和杂质，是否有焦糊味，是否变成黑色。

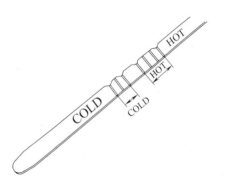

图 11-1　ATF 油位刻度

> **注意：**
>
> 若 ATF 中有白色污染物，则可能是混入了水。因此需检查 ATF 冷却器有无损坏或变形。

二、ATF 的更换

ATF 的更换方法如下：

1）举升车辆，拆卸发动机下护板固定螺栓，取下发动机下护板。

2）将合适的接油容器放在自动变速器下方。

3）如图 11-2 所示，拆卸放油螺塞，将 ATF 全部放出。

4）使用新衬垫安装放油螺塞，按规定力矩拧紧。

5）移走接油容器，并放下车辆。

6）如图 11-3 所示，取出 ATF 油位尺，将 ATF 加注漏斗固定在油位尺管上，加注规定量的 ATF。

7）起动发动机并怠速运转 1~2min。

图 11-2　ATF 放油螺塞

图 11-3　ATF 加注漏斗

8)把变速杆换至每个档位并停留几秒,然后将其置于"N"或"P"位。

9)试车,直到 ATF 温度上升到正常值为止,然后再次检查油位。油位必须在 HOT 刻度处。

三、道路测试

道路测试主要用来测试自动变速器各档位切换是否正常,锁止离合器是否工作正常,发动机制动效果和强制降档作用是否正常。

丰田 U340E 自动变速器的道路测试方法如下。

提示:

测试时应保证 ATF 温度在 50~80℃内。

1. D 位测试

将变速杆切换到 D 位,完全踩下加速踏板并检查以下项目。

1)检查升档操作。检查并确认 1 档→2 档、2 档→3 档以及 3 档→4 档可进行升档操作,并且换档点符合自动换档表中的规定值。

2)检查换档冲击和打滑。检查从 1 档→2 档、2 档→3 档以及 3 档→4 档进行升档操作时的换档冲击和打滑情况。

3)检查异常噪声和振动。变速杆位于 D 位条件下行驶时,检查从 1 档→2 档、2 档→3 档以及 3 档→4 档进行升档操作时的异常噪声和振动,在锁止条件下行驶时也应进行该检查。

4)检查降档操作。在变速杆位于 D 位的状态下行驶时,检查从 2 档→1 档、3 档→2 档以及 4 档→3 档进行降档操作时的降档车速。确认每项操作都符合自动换档表规定的车速范围。

5)检查降档时异常的换档冲击和打滑情况。

6)检查锁止机构。

① 在变速杆位于 D 位(4 档)的条件下,以约 60km/h 的稳定速度(锁止 ON)行驶。

② 轻轻踩下加速踏板,检查并确认发动机转速没有发生突然变化。

提示:

① 变速杆位于 D 位时,1 档、2 档和 3 档没有锁止功能。

② 如果发动机转速突然升高,则还没有锁止。

2. 3 档位置测试

将变速杆切换到 3 档位置,完全踩下加速踏板并检查以下各项目。

1)检查变速器控制开关的工作情况。在变速杆位于 D 位(4 档)的条件下行驶时,将变速杆切换到 3 档位置,检查并确认可从 4 档→3 档进行降档操作。

2)检查升档操作。检查并确认 1 档→2 档和 2 档→3 档可进行升档操作,并且换档点符合自动换档表规定。

在 3 档位置时不可进行从 3 档→4 档的升档操作。

3）检查发动机制动。在 3 档条件下行驶时，松开加速踏板并检查发动机制动效果。

3．2 档位置测试

将变速杆切换到 2 档位置，完全踩下加速踏板并检查以下各项目。

1）检查升档操作。检查并确认可进行从 1 档→2 档的升档操作，并且换档点符合自动换档表规定。

在 2 档位置时没有锁止功能。

2）检查发动机制动。在 2 档条件下行驶时松开加速踏板，检查发动机制动效果。

3）检查加速和减速时的异常噪声，以及升档和降档时的换档冲击。

4．L 位测试

将变速杆切换到 L 位，完全踩下加速踏板并检查以下各项目。

1）检查并确认不可进行升档操作。变速杆在 L 位行驶时，检查并确认不可进行换至 2 档的升档操作。

2）检查发动机制动。变速杆在 L 位行驶时，松开加速踏板并检查发动机的制动效果。

3）检查加速和减速过程中的异常噪声。

5．R 位测试

将变速杆切换到 R 位，完全踩下加速踏板并检查打滑情况。

6．P 位测试

将车辆停在斜坡上（大于 5°），将变速杆切换至 P 位并解除驻车制动。检查并确认车辆不移动。

四、失速转速测试

失速测试的目的是检查发动机输出功率、液力变矩器及自动变速器中离合器和制动器等换档执行元件的工作是否正常。

在挂前进档或倒档时踩住制动踏板并完全踩下加速踏板时，发动机处于最大转矩工况，而此时自动变速器的输出轴及输入轴均静止不动，液力变矩器的涡轮也因此静止不动，只有液力变矩器壳及泵轮随发动机一同转动，这种工况称为失速工况。此时的发动机转速称为失速转速。自动变速器的失速转速测试方法如下：

1）将垫木放在 4 个轮子前后，踩下制动踏板使车辆完全静止，如图 11-4 所示。

2）完全踩下制动踏板并拉紧驻车制动器。

3）起动发动机。

4）将变速杆置于 D 位或 R 位,完全踩下加速踏板(图 11-5),读取此时的最大发动机转速。将测得的失速转速与规定值进行比较,然后对照表 11-1 得出结论。

图 11-4　使车辆保持静止

图 11-5　完全踩下加速踏板

表 11-1　失速转速不正常的原因

测试结果	可能的故障原因
D 位和 R 位的失速转速均较规定值低	1）发动机动力变小 2）液力变矩器导轮的单向离合器故障
只有 D 位的失速转速较规定值高	1）管路压力过低 2）前进档离合器打滑 3）前进档单向离合器故障
只有 R 位的失速转速较规定值高	1）管路压力过低 2）倒档离合器打滑 3）低档及倒档制动器打滑
D 位和 R 位的失速转速均较规定值高	1）主油路油压过低 2）前进档和倒档的换档执行元件打滑 3）低档及倒档制动器打滑

5）将变速杆置于"N"位,使自动变速器冷却下来。

注意:

1）失速测试时,踩下加速踏板不能超过 5s。
2）两次失速测试需间隔 1min 以上。

五、油压测试

自动变速器油路压力对其工作性能影响很大。油压过高,会造成自动变速器换档时冲击过大,液压系统也容易损坏。油压过低,会使离合器、制动器等换档元件打滑,影响自动变速器的正常工作,且加速了离合器和制动器摩擦片的磨损,严重时会导致摩擦片烧坏。丰田 U340E 自动变速器的油压测试方法如下。

1)预热 ATF。

 提示:

测试时,ATF 的工作温度应在 50~80℃之间。

2)拆下变速器壳中央右侧的测试塞,如图 11-6 所示。

3)将油压表安装在测试塞位置。

4)完全施加驻车制动,并用垫木档住 4 个车轮。

5)起动发动机并检查怠速运转情况。

6)左脚踩下制动踏板并将变速杆切换至 D 位。

7)测量发动机怠速时的管路压力。

8)完全踩下加速踏板。发动机转速达到失速转速时,快速读出管路最高压力。

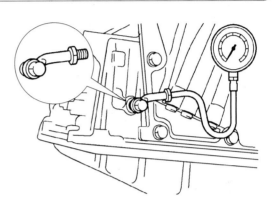

图 11-6 油路压力测试塞

 注意:

失速测试不得超过 5s。

9)变速杆置于 R 位时,按照同样的方式进行测试。标准管路压力见表 11-2。

10)完成测量之后,安装测试塞,然后用规定的力矩锁紧。

表 11-2 自动变速器标准管路压力

条件	D 位压力	R 位压力
怠速	372~412kPa	553~623kPa
失速	1126~1226kPa	1664~1864kPa

若测得的管路压力不正常,则变速器故障的可能原因见表 11-3。

表 11-3 自动变速器故障的可能原因

故障	可能原因
各档位的测量值均高于规定值	1)管路压力电磁阀 SLT 有缺陷 2)压力调节阀有缺陷
各档位的测量值均低于规定值	1)管路压力电磁阀 SLT 有缺陷 2)压力调节阀有缺陷 3)变速器油泵有缺陷
压力只在 D 位时低	1)D 位油液泄漏 2)前进档离合器缺陷
压力只在 R 位时低	1)R 位油液泄漏 2)倒档离合器缺陷 3)1 档和倒档制动器缺陷

六、手动换档测试

手动换档测试就是将电控自动变速器所有换档电磁阀的线束插接器全部脱开,此时自动变速器 ECU 不能通过换档电磁阀来控制换档,自动变速器的档位只取决于变速杆的位置。该测试用于确定故障是电路故障还是自动变速器中的机械故障。如果在以下测试中发现异常,那么可能是自动变速器本身的故障。

丰田 U340E 自动变速器的手动换档测试方法如下。

1) 断开变速器线束插接器,如图 11-7 所示。

提示:

断开变速器线束可能导致电动换档控制轴失效。此时,可通过使用变速杆进行机械换档改变档位。

2) 变速器线束断开时驾驶车辆。将变速杆切换至每个位置以检查档位是否如表 11-4 所示发生变化。

表 11-4　手动换档测试档位表

变速杆位置	实际档位
D	3 档
3	3 档
2	3 档
L	3 档
R	倒档
P	驻车锁定

图 11-7　断开变速器线束

3) 连接变速器线束插接器。

4) 清除 DTC (故障码)。

七、自动变速器换档拉索的调整

1. 东风风神轿车换档拉索的调整

自动变速器换档拉索的位置必须与变速杆和变速驱动桥上的换档摇臂相配合,才能正确换档。变速杆所在的档位必须与档位显示的位置一致,否则按照如下程序进行调整。

1)首先使软轴固定端处于可调节状态。

① 如图11-8所示,该状态软轴固定端处于锁止状态,不具备调节能力。在施加箭头指示的力后(先压缩弹簧,再向下推卡夹),软轴将变为可调节状态。

② 如图11-9所示,此时软轴处于可调节状态,固定端可相对软轴前后伸缩。在施加箭头所示的力后,软轴将变为锁止状态。

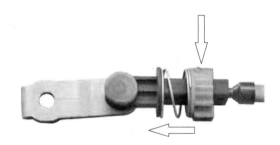

图11-8 锁止状态

图11-9 可调节状态

2)如图11-10所示,将锁紧垫圈的指针与档位选择开关上的"N"位标记线对准。

3)将变速杆置于空档(N)位置。

4)将换档摇臂逆时针旋转到底,然后再顺时针退转2个缺口。

5)将换档器操纵软轴与变速器换档摇臂总成卡接,并把软轴锁止。

6)打开点火开关,拨动变速杆,检验变速杆所处的档位与仪表板的档位显示是否一致,否则按照上面的程序重新进行调整。

7)将变速杆置于驻车(P)位置时,踩下制动踏板,变速杆应能顺利脱出。

2. 丰田汽车换档拉索的调整

1)将变速杆切换到N位。

2)按图11-11所示方向滑动调节器壳罩,拉出锁止片。

图11-10 对准指针标记

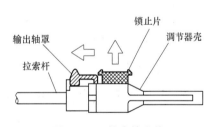

图11-11 拉出锁止片

3）用手向车辆后部轻拉拉索杆，以拉紧拉索。
4）如图 11-12 所示，将锁止片按入调节器壳，将其锁止。
5）按照图 11-13 所示方向滑动调节器壳罩。

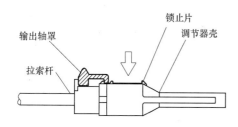 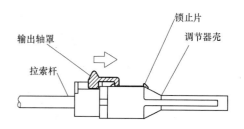

图 11-12　将锁止片按入调节器壳　　　图 11-13　滑动调节器壳罩

 提示：

滑动调节器壳罩，使其经过锁止片上的凸出部位。

6）调整后，检查操作情况。

 你学会了吗？

1. 怎样检查 ATF 油位及其状态？
2. 怎样更换 ATF？
3. 自动变速器的道路测试、失速转速测试、油压测试和手动换档测试分别起什么作用？
4. 怎样调整自动变速器的换档拉索？

第 12 天　自动变速器总成的拆解

 学习目标

1. 了解丰田 U340E 自动变速器的结构。
2. 了解丰田 U340E 自动变速器主要零部件的功能和换档执行元件在各档位的操作情况。
3. 学会拆解丰田 U340E 及其他自动变速器总成。

 基础知识

丰田 U340E 自动变速器为结构紧凑且高性能的 4 档 ECT（电子控制变速器），其结构如图 12-1 所示。

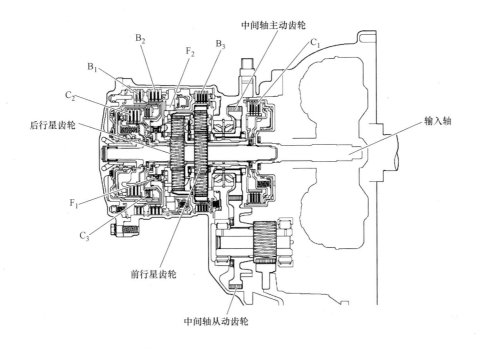

图 12-1 丰田 U340E 自动变速器结构图

C_1—前进档离合器　C_2—直接离合器　C_3—倒档离合器　B_1—OD 和 2 档制动器
B_2—2 档制动器　B_3—1 档和倒档制动器　F_1—1 号单向离合器　F_2—2 号单向离合器

丰田 U340E 自动变速器行星齿轮组的结构如图 12-2 所示。输入轴上的行星齿轮组内使用 CR-CR 型行星齿轮。在该行星齿轮组内,前行星齿轮架与后齿圈相连,且后行星齿轮架连在前齿圈上。行星齿轮组结构非常简单、紧凑。

此外,C_1 离合器内采用离心式油压抵消机构,该机构在 3 档切换至 4 档时起作用。

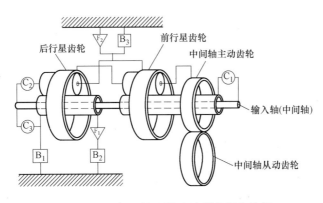

图 12-2 丰田 U340E 变速器行星齿轮组

丰田 U340E 自动变速器主要零部件的功能见表 12-1。

表 12-1　丰田 U340E 自动变速器零部件功能表

零部件	功能
C_1	前进档离合器	连接输入轴和前行星齿轮组太阳轮
C_2	直接离合器	连接中间轴和后行星齿轮架
C_3	倒档离合器	连接中间轴和后行星齿轮组太阳轮
B_1	OD 和 2 档制动器	锁止后行星齿轮组太阳轮
B_2	2 档制动器	防止后行星齿轮组太阳轮逆时针转动
B_3	1 档和倒档制动器	锁止前行星齿圈和后行星齿轮架
F_1	1 号单向离合器	防止后行星齿轮组太阳轮逆时针转动
F_2	2 号单向离合器	防止前行星齿圈和后行星齿轮架逆时针转动
行星齿轮	这些齿轮根据离合器和制动器的操作来改变驱动力传输路径，以提高或降低输入和输出转速

丰田 U340E 自动变速器的换档执行元件在各档位的操作情况见表 12-2。

表 12-2　换档执行元件操作表

变速杆位置	档位	离合器			制动器			单向离合器	
		C_1	C_2	C_3	B_1	B_2	B_3	F_1	F_2
P	驻车档								
R	倒档			○			○		
N	空档								
D	1 档	○							○
	2 档	○				○		○	
	3 档	○	○						
	4 档		○		○				
3	1 档	○							○
	2 档	○				○		○	
	3 档	○	○						
2	1 档	○							○
	2 档	○				○		○	
L	1 档	○					○		○

实际操作

自动变速器总成的拆解

丰田 U340E 自动变速器总成的拆解步骤如下。

1）拆卸车速表从动孔盖，如图 12-3 所示。

① 从变速器外壳上拆下螺栓和车速表从动孔盖。

② 从车速表从动孔盖上拆下 O 形圈。

2）拆卸驻车/空档位置开关总成。

① 拆卸螺母、垫圈和控制轴杆，如图12-4所示。

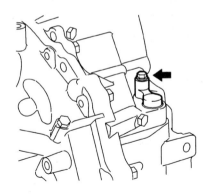

图12-3 拆卸车速表从动孔盖

图12-4 拆卸控制轴杆

② 用螺钉旋具撬出锁止板，并拆下手动阀轴螺母，如图12-5所示。
③ 拆下2个螺栓并将驻车/空档位置开关总成拉出，如图12-6所示。

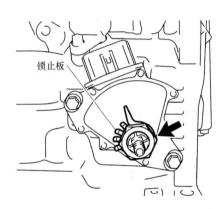

图12-5 拆下手动阀轴螺母

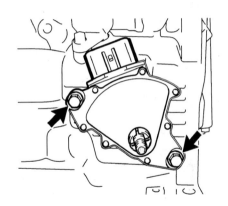

图12-6 拉出驻车/空档位置开关

3）拆卸转速传感器。
4）拆卸ATF冷却器管接头。
① 从变速器壳上拆下2个ATF冷却器管接头。
② 从2个ATF冷却器管接头上拆下2个O形圈。
5）拆卸1号变速器壳塞。
① 从变速器外壳和变速器壳上拆下4个1号变速器壳塞，如图12-7所示。
② 从变速器壳上拆下1号变速器壳塞，如图12-8所示。
③ 从1号变速器壳塞上拆下O形圈。
6）拆卸通气塞软管：从通气塞上拆下通气塞软管。
7）拆卸通气塞：从变速器壳上拆下通气塞。
8）固定自动变速器总成，将变速器放置在木块上。
9）拆卸自动变速器油底壳分总成。拆下19个螺栓、油底壳和油底壳垫片，如图12-9所示。

10）拆卸阀体滤油网总成。
① 拆下 3 个螺栓和滤油网总成，如图 12-10 所示。
② 将滤油网垫片从滤油网上拆下。

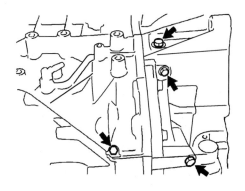

图 12-7　拆下 4 个变速器壳塞

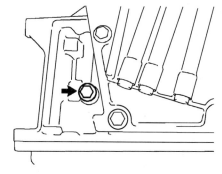

图 12-8　拆下 1 号变速器壳塞

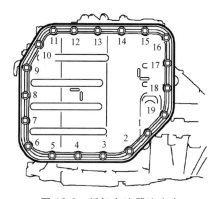

图 12-9　拆卸变速器油底壳

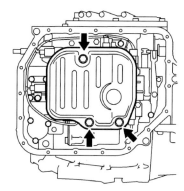

图 12-10　拆卸滤油网

11）拆卸变速器阀体总成。
① 断开 5 个电磁线圈插接器，如图 12-11 所示。
② 拆下螺栓、锁止板和 ATF 温度传感器。
③ 拆下 2 个螺栓、锁止弹簧盖和锁止弹簧，如图 12-12 所示。

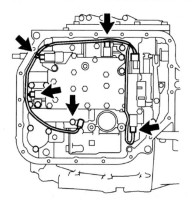

图 12-11　断开电磁线圈插接器

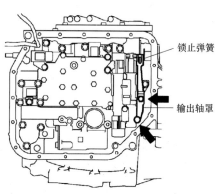

图 12-12　拆下锁止弹簧

④ 将 13 个螺栓和阀体总成从变速器壳上拆下，如图 12-13 所示。

> **提示：**
> 由于每个螺栓长度不同，保存螺栓以便重新安装到原来的位置。

12）拆卸变速器线束。
13）拆卸变速器壳 2 档制动器垫片，如图 12-14 所示。

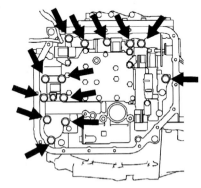

图 12-13　拆下阀体总成

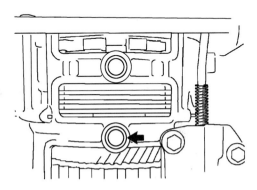

图 12-14　拆卸 2 档制动器垫片

14）拆卸变速器壳垫片，如图 12-15 所示。
15）拆卸制动鼓垫片，如图 12-16 所示。

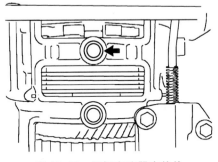

图 12-15　拆卸变速器壳垫片

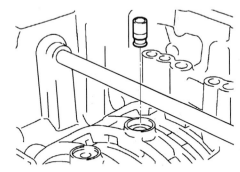

图 12-16　拆卸制动鼓垫片

16）拆卸止回球壳体和弹簧，如图 12-17 所示。
17）拆卸 B_2 蓄能器活塞，如图 12-18 所示。
① 向油孔充入压缩空气（392kPa），并拆下 B_2 蓄能器活塞和弹簧。

> **提示：**
> 充入普通空气可能会导致活塞弹出。拆下活塞时，要垫着布握住活塞。

② 从 B_2 蓄能器活塞上拆下 2 个 O 形圈。

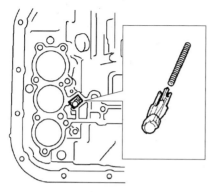

图 12-17 拆卸止回球壳体和弹簧

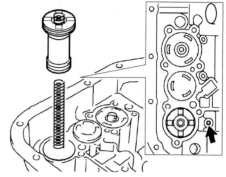

图 12-18 拆卸 B_2 蓄能器活塞

18）拆卸 C_3 蓄能器活塞，如图 12-19 所示。

① 向油孔充入压缩空气，并拆下 C_3 蓄能器活塞和弹簧。

② 从 C_3 蓄能器活塞上拆下 2 个 O 形圈。

19）拆卸 C_2 蓄能器活塞，如图 12-20 所示。

① 向油孔充入压缩空气并拆下 C_2 蓄能器活塞和弹簧。

② 从 C_2 蓄能器活塞上拆下 2 个 O 形圈。

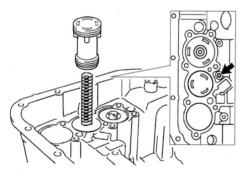

图 12-19 拆卸 C_3 蓄能器活塞

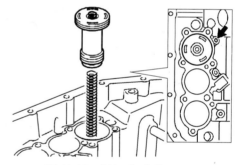

图 12-20 拆卸 C_2 蓄能器活塞

20）拆卸变速器外壳。

① 拆下 14 个螺栓，如图 12-21 所示。

② 用塑料锤在变速器外壳周围敲击，以便从变速器壳上拆下变速器外壳。

 提示：

拆下变速器外壳时可能意外拆下差速器齿轮总成。

21）检查输入轴端隙，如图 12-22 所示。

如果端隙不符合规定（0.374~1.292mm），则更换导轮轴推力滚针轴承和前进档离合器毂推力滚针轴承。

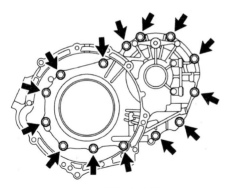

图 12-21 拆卸变速器外壳

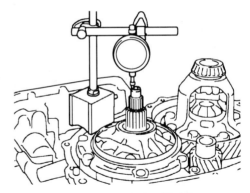

图 12-22 检查输入轴端隙

22) 拆卸前变速器油泵体分总成,如图 12-23 所示。

23) 从变速器壳上拆下差速器齿轮总成,如图 12-24 所示。

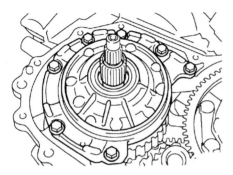

图 12-23 拆卸变速器油泵体分总成

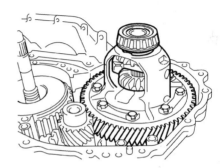

图 12-24 拆下差速器齿轮总成

24) 拆卸超速制动器垫片:用螺钉旋具从变速器壳上拆下 2 个超速制动器垫片。如图 12-25 所示。

25) 拆卸输入轴分总成,如图 12-26 所示。

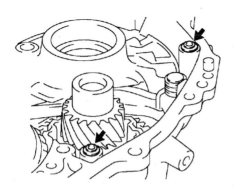

图 12-25 拆卸超速制动器垫片

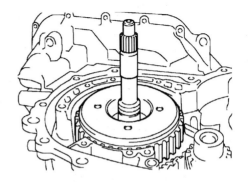

图 12-26 拆卸输入轴分总成

26) 从输入轴上拆下导轮轴推力滚针轴承,如图 12-27 所示。

27) 拆卸前进档离合器毂推力滚针轴承,如图 12-28 所示。

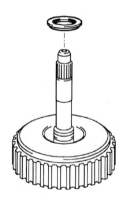

图 12-27 拆下导轮轴推力滚针轴承

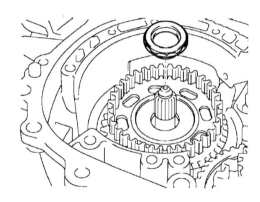

图 12-28 拆卸前进档离合器毂推力滚针轴承

28）检查中间轴分总成。

如图 12-29 所示，用百分表测量中间轴分总成的端隙。如果端隙不符合规定（0.204～0.966mm），则更换后离合器毂推力滚针轴承。

29）拆卸前进档离合器毂分总成，如图 12-30 所示。

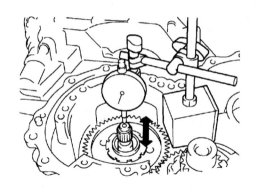

图 12-29 测量中间轴端隙

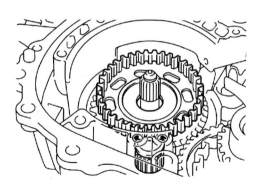

图 12-30 拆卸前进档离合器毂

30）拆卸变速器后盖分总成。

① 拆下 11 个螺栓，如图 12-31 所示。

② 用皮锤敲击变速器后盖分总成的周边位置，以便从变速器壳上拆下变速器后盖分总成。

31）拆下 4 个变速器壳垫片，如图 12-32 所示。

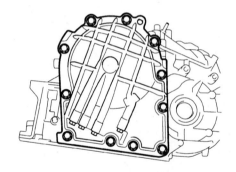

图 12-31 拆卸变速器后盖

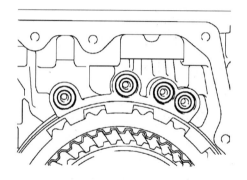

图 12-32 拆下 4 个垫片

32）拆卸后离合器毂推力滚针轴承，如图 12-33 所示。

33）拆卸中间轴分总成，如图 12-34 所示。

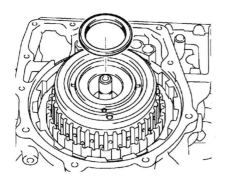

图 12-33　拆卸后离合器毂推力滚针轴承

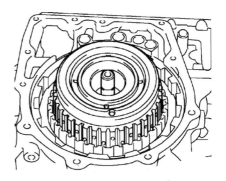

图 12-34　拆卸中间轴分总成

34）拆卸 2 档滑行和超速制动器摩擦片，如图 12-35 所示。

35）拆卸推力滚针轴承，如图 12-36 所示。

用磁棒从直接档离合器毂上拆下 C_2 毂推力轴承座圈、推力滚针轴承和推力轴承座圈。

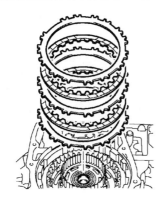

图 12-35　拆卸制动器摩擦片

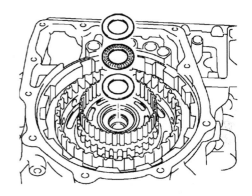

图 12-36　拆卸推力滚针轴承

36）拆卸直接档离合器毂，如图 12-37 所示。

37）拆卸后太阳轮推力滚针轴承，如图 12-38 所示。

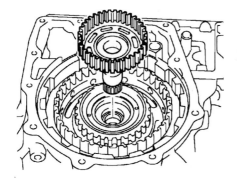

图 12-37　拆卸直接档离合器毂

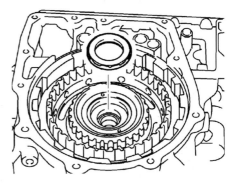

图 12-38　拆卸后太阳轮推力滚针轴承

38）拆下后太阳轮总成，如图12-39所示。

39）拆下后太阳轮推力滚针轴承和行星齿轮架推力垫圈，如图12-40所示。

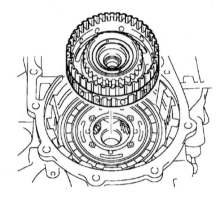 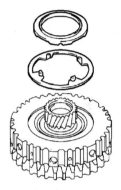

图12-39 拆下后太阳轮　　　　　　　图12-40 拆下后太阳轮推力轴承

40）检查单向离合器总成，如图12-41所示。

① 固定后太阳轮总成，转动单向离合器总成。

② 确保单向离合器总成逆时针转动自如，顺时针转动时锁定。

41）从后太阳轮总成上拆下单向离合器和行星齿轮架推力垫圈，如图12-42所示。

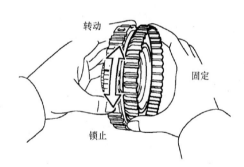 

图12-41 检查后太阳轮单向离合器　　　图12-42 拆下单向离合器

42）用螺钉旋具拆下2档滑行和超速制动器凸缘孔卡环，如图12-43所示。

43）拆卸2档制动器摩擦片。

① 用螺钉旋具拆下卡环。

② 拆下2档制动器凸缘、3个2档制动器摩擦片和3个1号2档滑行制动器凸缘。

44）拆卸2档制动器活塞套筒，如图12-44所示。

45）检查后行星齿轮单向离合器，如图12-45所示。

① 转动后行星齿轮总成。

② 确保后行星齿轮总成逆时针自由转动，且在顺时针转动时锁止。

46）拆卸后行星齿轮总成，如图12-46所示。

① 用螺钉旋具拆下卡环。

② 拆下后行星齿轮总成。

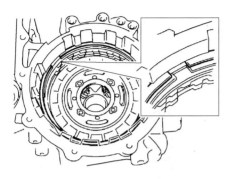

图 12-43 拆卸 2 档和超速制动器凸缘卡环

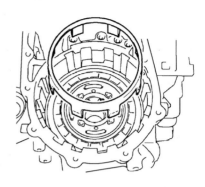

图 12-44 拆卸 2 档制动器活塞套筒

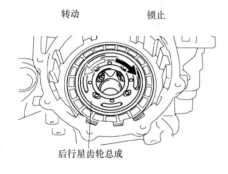

图 12-45 检查后行星齿轮单向离合器

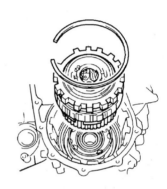

图 12-46 拆卸后行星齿轮

47)从后行星齿轮总成上拆下后行星齿轮推力滚针轴承,如图 12-47 所示。

48)分离 2 档制动缸总成、单向离合器和后行星齿轮总成,如图 12-48 所示。

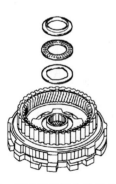

图 12-47 拆下后行星齿轮推力滚针轴承

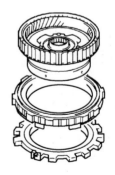

图 12-48 分离单向离合器

49)从单向离合器上拆下外圈固定器,如图 12-49 所示。

50)拆下前太阳轮和前行星齿轮推力滚针轴承,如图 12-50 所示。

51)拆卸 1 档和倒档制动器摩擦片,如图 12-51 所示。

① 用螺钉旋具拆下卡环。

② 从变速器壳上拆下 1 档和倒档制动器凸缘、4 个 1 档和倒档制动器摩擦片和 4 个 1 档

和倒档制动器钢片。

52）拆卸1档和倒档制动器回位弹簧分总成，如图12-52所示。

① 用1档/倒档制动器扳手、压力器和螺钉旋具，拆下卡环。

② 拆下1档和倒档制动器回位弹簧分总成。

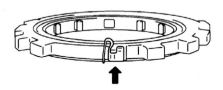

图12-49 拆下外圈固定器

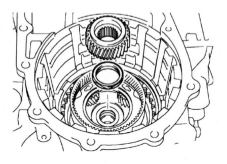

图12-50 拆下前太阳轮

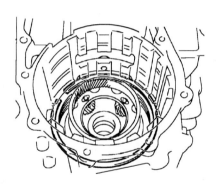

图12-51 拆卸制动器摩擦片

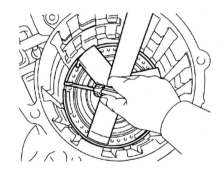

图12-52 拆卸制动器回位弹簧分总成

53）拆卸1档和倒档制动器活塞，如图12-53所示。向变速器壳施加压缩空气以拆卸1档和倒档制动器活塞。

54）从1档和倒档制动器活塞上拆下2个制动器活塞O形圈，如图12-54所示。

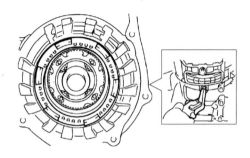

图12-53 拆卸制动器活塞

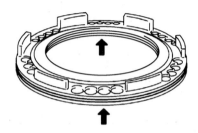

图12-54 拆下制动器活塞O形圈

55）拆卸中间轴主动齿轮螺母。

① 用驻车锁定爪固定中间轴从动齿轮，如图12-55所示。

② 用螺母錾子和锤子释放中间轴主动齿轮锁止螺母垫圈，如图12-56所示。

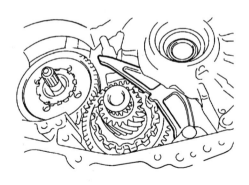

图12-55 固定中间轴从动齿轮

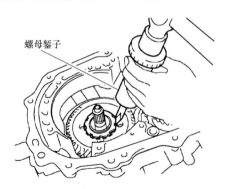

图12-56 释放中间轴主动齿轮锁止螺母垫圈

③ 用螺母扳手拆下中间轴主动齿轮螺母和垫圈，如图12-57所示。

56）用专用工具（包括手柄及可更换工具）和压力器，从变速器壳上拆下行星齿轮总成，如图12-58所示。

57）拆卸中间轴主动齿轮，如图12-59所示。

① 将2个M10螺栓（长度40~80mm、螺距1.25mm）安装到中间轴主动齿轮上。

② 转动2个螺栓，拆下中间轴主动齿轮。

③ 拆下2个中间轴主动齿轮轴承内圈和2个径向滚子。

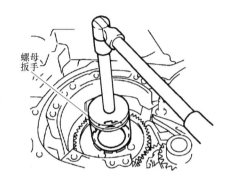

图12-57 拆下中间轴主动齿轮螺母和垫圈

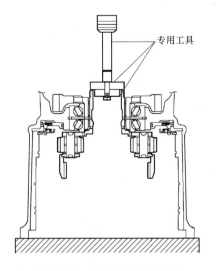

图12-58 拆下行星齿轮总成

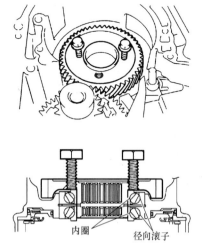

图12-59 拆卸中间轴主动齿轮

58）拆卸驻车锁定爪支架，如图12-60所示。

从变速器壳上拆下 3 个螺栓、驻车锁定凸轮导套和驻车锁定爪支架。

59）从手动阀拉杆轴上拆下手动阀拉杆轴保持弹簧，如图 12-61 所示。

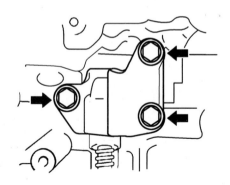

图 12-60 拆卸驻车锁定爪支架

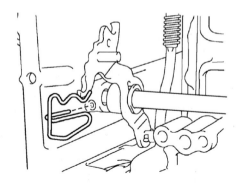

图 12-61 拆下手动阀拉杆轴保持弹簧

60）拆卸手动阀拉杆分总成。

① 用螺钉旋具松开并拆下手动阀拉杆轴隔圈，如图 12-62 所示。

② 用样冲和锤子敲出手动阀拉杆轴弹簧销，如图 12-63 所示。

③ 拆下手动阀拉杆轴和手动阀拉杆分总成。

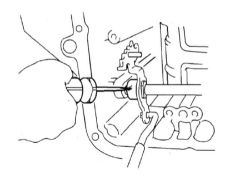

图 12-62 拆下手动阀拉杆轴隔圈

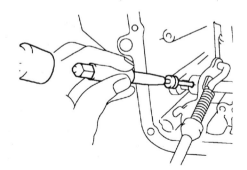

图 12-63 敲出手动阀拉杆轴弹簧销

61）从手动阀拉杆分总成上拆下驻车锁定杆分总成，如图 12-64 所示。

62）拆卸手动阀拉杆轴，如图 12-65 所示。

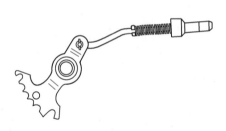

图 12-64 拆下驻车锁定杆分总成

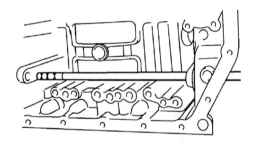

图 12-65 拆卸手动阀拉杆轴

63）拆卸驻车锁定爪，如图 12-66 所示。

① 用螺钉旋具从变速器壳上拆下驻车锁定爪轴。

② 从变速器壳上拆下驻车锁定爪轴扭力弹簧和驻车锁定爪。

64）拆下中间轴从动齿轮、差速器主动小齿轮和推力滚针轴承，如图 12-67 所示。

图 12-66　拆卸驻车锁定爪

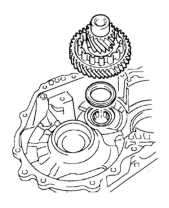
图 12-67　拆下中间轴从动齿轮

你学会了吗？

1. 丰田 U340E 自动变速的换档执行元件有哪些？
2. 丰田 U340E 自动变速器的主要零部件有哪些？各起什么作用？
3. 丰田 U340E 自动变速器总成的拆解顺序是怎样的？
4. 怎样检查行星齿轮变速机构中的单向离合器？

第13天　自动变速器总成的组装及常见故障检修

学习目标

1. 了解丰田 U340E 自动变速器的结构组成。
2. 学会将拆解后的丰田 U340E 自动变速器重新组装起来。
3. 学习一些自动变速器常见故障的检修方法。

基础知识

丰田 U340E 自动变速器总成的零部件分解图如图 13-1 所示。维修时参照此图，正确地将自动变速器重新组装。

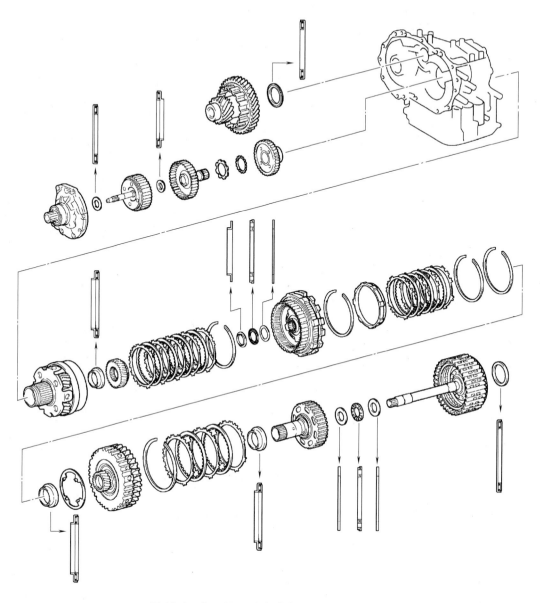

图 13-1 丰田 U340E 自动变速器总成分解图

▲实际操作

一、自动变速器的重新组装

丰田 U340E 自动变速器的重新组装步骤如下。

1）安装中间轴从动齿轮，如图 13-2 所示。将中间轴从动齿轮和主动小齿轮推力滚针轴承安装到变速器壳上。

2）安装驻车锁定爪，如图 13-3 所示。

① 在驻车锁定爪轴上涂 ATF。

② 将驻车锁定爪、驻车锁定爪轴扭力弹簧和驻车锁定爪轴安装到变速器壳上。检查并确认驻车锁定爪能平稳移动。

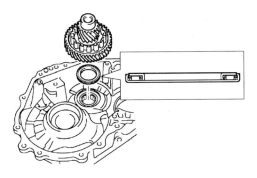

图 13-2　安装中间轴从动齿轮

图 13-3　安装驻车锁定爪

3）将手动阀拉杆轴安装到变速器壳上，如图 13-4 所示。

4）将驻车锁定杆安装到手动阀拉杆上，如图 13-5 所示。

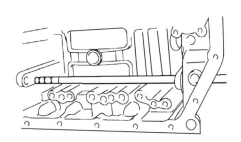

图 13-4　安装手动阀拉杆轴

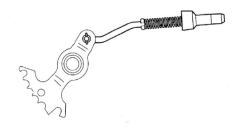

图 13-5　安装驻车锁定杆

5）安装手动阀拉杆分总成。

① 在手动阀拉杆分总成上涂 ATF。

② 将手动阀拉杆和新的手动阀拉杆轴隔圈安装到手动阀拉杆轴上。

③ 用销冲和锤子敲入手动阀拉杆轴弹簧销，如图 13-6 所示。

④ 转动手动阀拉杆轴隔圈和手动阀拉杆轴，将手动阀拉杆轴隔圈上的锁紧位置小孔与手动阀拉杆轴上的锁紧位置标记对齐，如图 13-7 所示。

⑤ 用销冲将隔圈锁紧在小孔中。

⑥ 检查并确认隔圈不会转动。

6）将手动阀拉杆轴保持弹簧安装到手动阀拉杆轴上，如图 13-8 所示。

7）安装驻车锁定爪支架，如图 13-9 所示。用 3 个螺栓将驻车锁定爪支架、驻车锁定杆分总成和驻车锁定凸轮导套安装到变速器壳上。

8）安装中间轴主动齿轮，如图 13-10 所示。用专用工具 1、2 和压力器将中间轴主动齿轮和 2 个中间轴主动齿轮轴承内圈安装到变速器壳上。

9）安装行星齿轮总成，如图 13-11 所示。用专用工具 1、2 和压力器，将行星齿轮总成安装到变速器壳上。

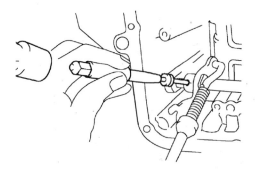

图 13-6 敲入弹簧销

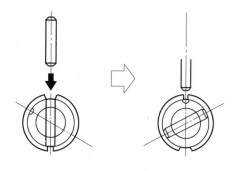

图 13-7 对齐锁紧位置

图 13-8 安装手动阀拉杆轴弹簧

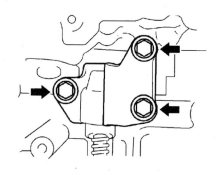

图 13-9 安装驻车锁定爪支架

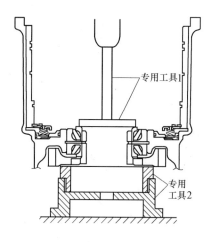

图 13-10 安装中间轴主动齿轮

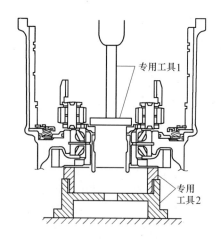

图 13-11 安装行星齿轮总成

10) 安装中间轴主动齿轮螺母。

① 用驻车锁定爪固定中间轴从动齿轮,如图 13-12 所示。

② 用螺母扳手安装新的中间轴主动齿轮锁止螺母垫圈和中间轴主动齿轮螺母(力矩:280N·m),如图 13-13 所示。

③ 用螺母扳手1和小力矩扳手，以60r/min的速度转动中间轴齿轮的同时测量旋转力矩（0.20~0.49N·m）。

图13-12 固定中间轴从动齿轮

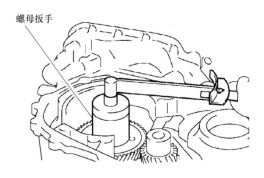

图13-13 拧紧中间轴主动齿轮螺母

④ 用錾子和锤子锁紧中间轴主动齿轮锁止螺母垫圈，如图13-14所示。

11）在2个新的1档和倒档制动器活塞O形圈上涂ATF，并将其安装到1档和倒档制动器活塞上，如图13-15所示。

12）在1档和倒档制动器活塞上涂ATF，并将其安装到变速器壳上。

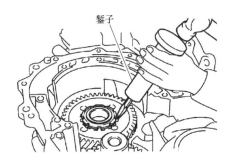

图13-14 锁紧螺母垫圈

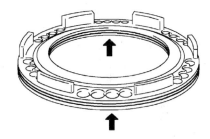

图13-15 安装制动器活塞O形圈

13）安装1档和倒档制动器回位弹簧分总成，如图13-16所示。

① 将1档和倒档制动器回位弹簧分总成安装到变速器壳上。

② 用制动器扳手、压力器和螺钉旋具安装卡环。

14）安装1档和倒档制动器摩擦片，如图13-17所示。

① 将4个钢片、4个摩擦片和凸缘安装到变速器壳上。

② 用螺钉旋具安装卡环。

15）检查1档和倒档制动器的装配间隙。

① 从后面按住摩擦片和钢片，用测量端子和百分表测量1档和倒档制动器之间的间隙，如图13-18所示。如果间隙不在规定范围内（0.806~1.206mm），则选择一个新的制动器凸缘。

② 将压缩空气充入油孔时，检查并确认1档和倒档制动器活塞可移动。

16）安装前太阳轮，如图13-19所示。将前太阳轮和行星齿轮前推力滚针轴承安装到行星齿轮总成上。

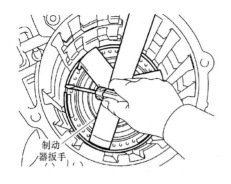

图 13-16 安装制动器回位弹簧

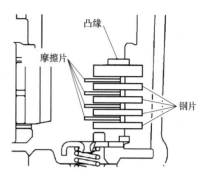

图 13-17 安装制动器摩擦片

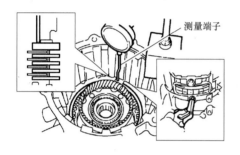

图 13-18 测量制动器装配间隙

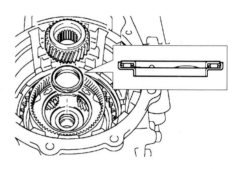

图 13-19 安装前太阳轮

17) 将外圈固定器安装到 2 号单向离合器上，如图 13-20 所示。

18) 安装 2 号单向离合器，如图 13-21 所示。将 2 号单向离合器和 2 档制动缸总成安装到后行星齿轮总成上。

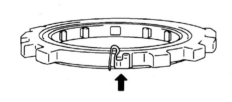

图 13-20 安装外圈固定器

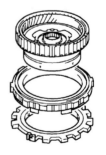

图 13-21 安装 2 号单向离合器

19) 安装后行星齿轮推力滚针轴承，如图 13-22 所示。

将 2 号推力轴承座圈、后行星齿轮推力滚针轴承和推力轴承座圈安装到后行星齿轮总成上。

20) 安装后行星齿轮总成，如图 13-23 所示。

① 将后行星齿轮总成安装到变速器壳上。

② 用螺钉旋具安装卡环。

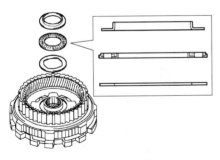

图 13-22　安装后行星齿轮推力轴承

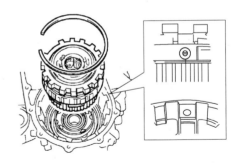

图 13-23　安装后行星齿轮总成

21）检查 2 号单向离合器，如图 13-24 所示。检查并确认后行星齿轮逆时针转动自如，并且顺时针转动时锁止。

22）安装 2 档制动器活塞套筒，如图 13-25 所示。

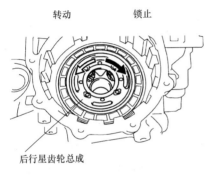

图 13-24　检查 2 号单向离合器

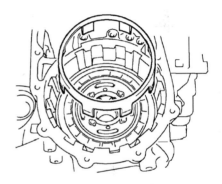

图 13-25　安装 2 档制动器活塞套筒

23）安装 2 档制动器摩擦片，如图 13-26 所示。
① 将 3 个 2 档制动器摩擦片、3 个 1 号 2 档制动器凸缘和 2 档制动器凸缘安装到变速器壳上。
② 用螺钉旋具将卡环安装到变速器壳上。

24）检查 2 档制动器的装配间隙，如图 13-27 所示。在充入和释放压缩空气时，用百分表测量 2 档制动装配间隙。如果间隙不在规定范围内（0.847~1.247mm），则选择一个新的制动器凸缘。

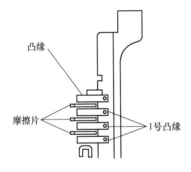

图 13-26　安装 2 档制动器摩擦片

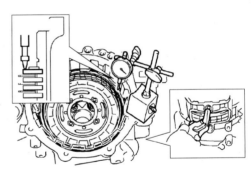

图 13-27　检查 2 档制动器装配间隙

25）安装 2 档滑行和超速制动器凸缘孔卡环。用螺钉旋具将卡环安装到变速器壳上，如图 13-28 所示。

26）安装单向离合器总成，如图 13-29 所示。

① 将行星齿轮架 2 号推力垫圈安装到后太阳轮总成上。

② 将单向离合器总成安装到后太阳轮总成上。

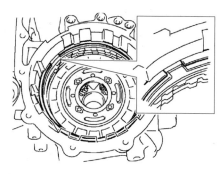

图 13-28 安装制动器卡环

图 13-29 安装单向离合器总成

27）检查单向离合器总成，如图 13-30 所示。固定后行星太阳轮总成，转动单向离合器总成，检查并确认单向离合器逆时针转动自如，并在顺时针转动时锁定。

28）安装后太阳轮推力滚针轴承，如图 13-31 所示。将后太阳轮推力滚针轴承和行星齿轮架推力垫圈安装到后太阳轮总成上。

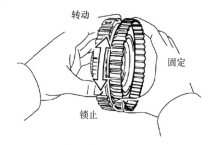

图 13-30 检查单向离合器总成

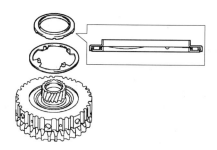

图 13-31 安装后太阳轮推力轴承

29）安装后太阳轮总成，如图 13-32 所示。

30）将 2 号后太阳轮推力滚针轴承安装到后太阳轮总成上，如图 13-33 所示。

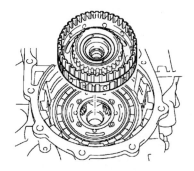

图 13-32 安装后太阳轮

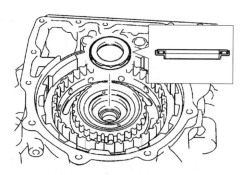

图 13-33 安装后太阳轮推力轴承

31) 安装直接档离合器毂,如图13-34所示。

32) 安装推力滚针轴承,如图13-35所示。

将3号推力轴承座圈、推力滚针轴承和C_2毂推力轴承座圈安装到直接档离合器毂上。

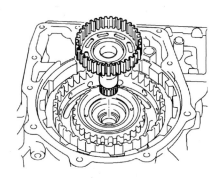

图13-34 安装直接档离合器毂

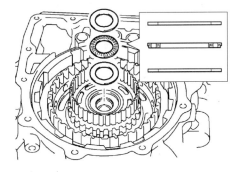

图13-35 安装推力滚针轴承

33) 安装2档滑行和超速制动器摩擦片,如图13-36所示。将2个2档滑行和超速制动器摩擦片、2个2号2档滑行和超速制动器凸缘和2档滑行和超速制动器凸缘安装到变速器壳上。

34) 安装中间轴分总成,如图13-37所示。

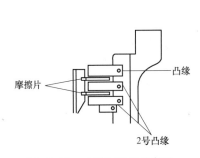

图13-36 安装制动器摩擦片

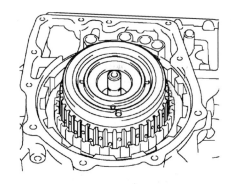

图13-37 安装中间轴分总成

35) 检查2档滑行和超速制动器的装配间隙。

① 如图13-38所示,在变速器壳上放置一把直尺,并用游标卡尺测量2档滑行和超速制动器凸缘与直尺之间的距离A。

② 如图13-39所示,在超速制动器活塞上放置一把直尺,并用游标卡尺测量变速器后盖和直尺之间的距离B。

用以下公式计算活塞行程值。如果间隙不在规定范围内(2.091~2.491mm),则选择一个新的制动器凸缘。

$$装配间隙 = A - B$$

36) 将后离合器毂推力滚针轴承安装到中间轴分总成上,如图13-40所示。

37) 检查中间轴分总成。

① 用11个螺栓安装变速器后盖分总成,如图13-41所示。

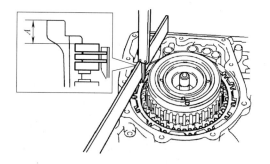

图13-38 测量凸缘和直尺之间的距离

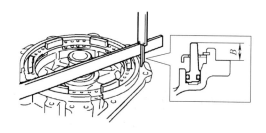

图13-39 测量后盖和直尺之间的距离

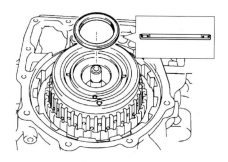

图13-40 安装后离合器毂推力轴承

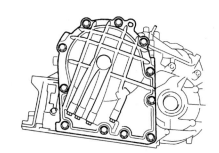

图13-41 安装变速器后盖分总成

② 用百分表测量中间轴端隙,如图13-42所示。如果端隙不符合规定(0.204~0.966mm),则更换后离合器毂推力滚针轴承。

③ 拆下11个螺栓和变速器后盖分总成。

38)安装4个新的变速器壳垫片,如图13-43所示。

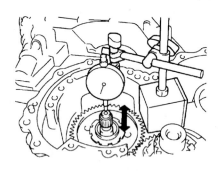

图13-42 测量中间轴端隙

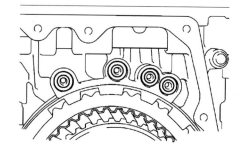

图13-43 安装变速器壳垫片

39)安装变速器后盖分总成。

① 去除密封材料,并保持变速器后盖分总成和变速器壳的接触表面没有油液。

② 在变速器壳上涂密封材料。

③ 再次用11个螺栓安装变速器后盖分总成。

40）安装前进档离合器毂分总成，如图 13-44 所示。

41）将前进档离合器毂推力滚针轴承安装到前进档离合器毂分总成上，如图 13-45 所示。

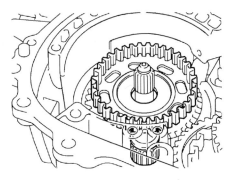 图 13-44 安装前进档离合器毂分总成

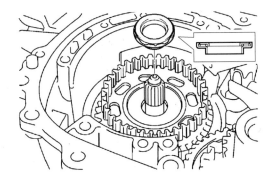 图 13-45 安装前进档离合器毂推力轴承

42）将导轮轴推力滚针轴承安装到输入轴分总成上，如图 13-46 所示。

43）安装输入轴分总成，如图 13-47 所示。

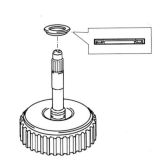 图 13-46 安装导轮轴推力轴承

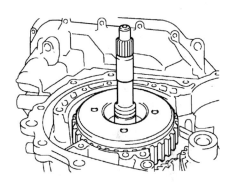 图 13-47 安装输入轴分总成

44）将 2 个新的超速制动器垫片安装到变速器壳上，如图 13-48 所示。

45）将差速器总成安装到变速器壳上，如图 13-49 所示。

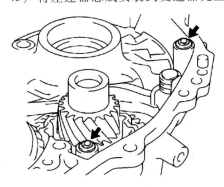 图 13-48 安装超速制动器垫片

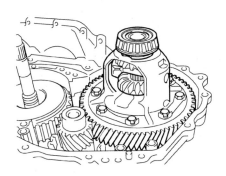 图 13-49 安装差速器总成

46）安装变速器油泵分总成，如图 13-50 所示。

47）如图 13-51 所示，检查输入轴分总成，确保输入轴平稳转动。

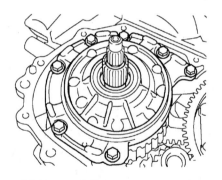
图 13-50　安装变速器油泵分总成

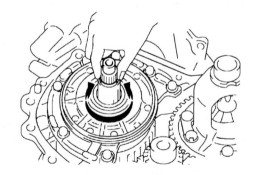
图 13-51　检查输入轴分总成

48）检查输入轴端隙，如图 13-52 所示。如果端隙不符合规定（0.374~1.292mm），则更换前进档离合器毂推力滚针轴承和导轮轴推力滚针轴承。

49）安装变速器外壳。

50）分别安装 C_2、C_3、B_2 蓄能器活塞。

51）安装弹簧和止回球壳体。

52）安装新的制动鼓垫片。

53）安装新的变速器壳垫片。

54）安装新的变速器壳 2 档制动器垫片。

55）安装变速器线束。

56）安装变速器阀体总成。

57）安装阀体滤油网总成。

58）安装自动变速器油底壳分总成。

59）将通气塞软管安装到变速器壳上。

60）安装 1 号变速器壳塞。

61）安装变速器油冷却器管接头。

62）安装转速传感器。

63）安装驻车/空档位置开关总成。

① 将驻车/空档位置开关总成安装到手动阀拉杆轴上。

② 暂时安装固定位置开关的 2 个螺栓，如图 13-53 所示。

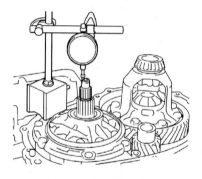
图 13-52　测量轴向端隙

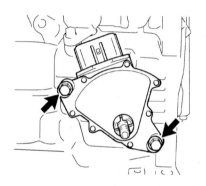
图 13-53　暂时安装位置开关

③ 更换一块新的锁止板并拧紧手动阀轴螺母,如图 13-54 所示。
④ 暂时安装控制轴杆。
⑤ 如图 13-55 所示,逆时针转动控制轴杆直到其停止,然后顺时针转过 2 个缺口。

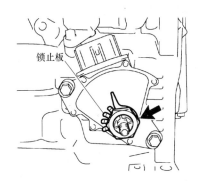

图 13-54 更换新的锁止板

图 13-55 转动控制轴杆

⑥ 拆下控制轴杆。
⑦ 将槽对准空档基准线,如图 13-56 所示。
⑧ 将开关保持在该位置,拧紧 2 个螺栓。
⑨ 用螺钉旋具锁紧锁止板和螺母,如图 13-57 所示。

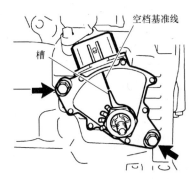

图 13-56 对准空档基准线

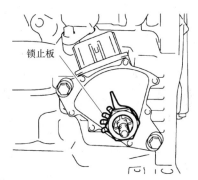

图 13-57 锁紧锁止板和螺母

⑩ 用螺母和垫圈安装控制轴杆,如图 13-58 所示。

图 13-58 安装控制轴杆

64)将车速表从动孔盖安装到变速器外壳上。

 **故障检修**

一、自动变速器无前进档的检修

（1）故障现象

汽车倒档行驶正常，在前进档时不能行驶，变速杆在 D 位时汽车不能起步，在 S 位、L 位（或 2 位、1 位）时可以起步。

（2）故障原因

造成自动变速器无前进档的原因如下：

1）前进离合器严重打滑。

2）前进单向超越离合器打滑或装反。

3）前进离合器油路严重泄漏，油压低。

4）变速杆调整不当。

5）电控系统故障。主要是档位开关不良，负责 1 档执行元件工作的电磁阀及其电路故障。

（3）故障诊断与排除

1）首先检查变速杆的调整情况。如有异常，则应按规定程序重新调整。

2）测量前进档主油路油压。若油压过低，则说明主油路严重泄漏，应拆检自动变速器，更换前进档油路中各处的密封圈和密封环。

3）若前进档的主油路油压正常，则应拆检前进档离合器（图 13-59）。如磨擦片表面粉末冶金层烧焦或磨损过度，则应更换摩擦片。

图 13-59　前进离合器

4）若主油路油压和前进离合器均正常，则应拆检前进档单向超越离合器，检查前进档单向超越离合器的安装方向是否正确以及有无打滑。如装反，则应重新安装。如打滑，则应更换新件。

5）检查前进离合器控制电磁阀及其电路连接。

二、自动变速器无倒档的检修

（1）故障现象

汽车在前进档能正常行驶，但在倒档时不能行驶。

（2）故障原因

1) 电控系统故障。
2) 变速杆调整不当。
3) 倒档油路泄漏。
4) 倒档离合器或低/倒档（L/R）制动器打滑。

(3) 故障诊断与排除

1) 检查电控系统。检查以下 TCM 输入/输出信号：档位开关信号、挂倒档时各换档电磁阀的工作情况、输入轴转速信号、输出轴转速信号或车速信号。还应注意输入轴转速传感器与输出轴转速传感器的插头是否相互插错。断开电控自动变速器上电磁阀等插头或拔下 TCM 的插头，再挂倒档，如倒档正常则说明故障在电控部分。

2) 检查变速杆、手动阀的位置或换档拉索的长度。如有异常，则应按规定程序重新调整。

3) 检查倒档油路油压。若油压过低，则说明倒档油路泄漏。对此，应拆检自动变速器，予以修复。

4) 若倒档油路油压正常，则可进行手动挂档试验，查看其他档位是否正常，再结合该型号自动变速器动作元件表或动力传递路线来确定故障部位，然后拆检自动变速器，更换损坏的离合器片或制动器片（或制动带）。

三、自动变速器换档冲击的检修

(1) 故障现象

在汽车起步时，由停车档（P）或空档（N）挂入倒档（R）或前进档（D）时，汽车振动较严重。在汽车行驶过程中自动变速器换档的瞬间，汽车有较明显的振动。

(2) 故障原因

1) 发动机怠速过高。
2) 节气门拉索或节气门位置传感器调整不当，使主油路油压过高。
3) 升档过迟。
4) 真空式节气门阀的真空软管破裂或松脱。
5) 主油路调压阀有故障，使主油路油压过高。
6) 蓄能器活塞卡住，不能起减振作用。
7) 单向阀钢球漏装，换档执行元件（离合器或制动器）接合过快。
8) 换档执行元件打滑。
9) 油压电磁阀不工作。
10) TCM 有故障。

(3) 故障诊断与排除

1) 检查发动机怠速。自动变速器车型的发动机怠速一般为 750r/min 左右。若怠速过高，则应按标准调整。

2) 检查节气门拉索或节气门位置传感器的调整情况。如不符合标准，则应重新调整。

3) 检查真空式节气门阀的真空软管。如破裂则应更换。如松脱则应接牢。

4) 进行道路试验。如果有升档过迟的现象，则说明换档冲击大的故障是升档过迟所致。如果在升档之前发动机转速异常升高，则会导致升档瞬间有较大的换档冲击。这说明离合器或制动器打滑，应分解自动变速器修理。

5）检测主油路油压。如果怠速时的主油路油压过高，则说明主油路调压阀或节气门阀有故障，可能是调压弹簧的预紧力过大或阀芯卡滞所致。如果怠速时主油路油压正常但起步时有较大冲击，则说明前进离合器或倒档离合器的进油单向阀球损坏或漏装。

6）检测换档时的主油路油压。在正常情况下，换档时的主油路油压会瞬时下降。如果换档时主油路油压没有下降，则说明蓄能器活塞卡滞，应拆检阀板和蓄能器。

7）检查自动变速器电控系统。如果线路有故障，则应修复。如果电磁阀损坏，则应更换电磁阀。如果 TCM 在换档瞬间没有向油压电磁阀发出控制信号，则说明 TCM 有故障，应更换 TCM。

 你学会了吗?

1. 丰田 U340E 自动变速器的组装顺序是怎样的？
2. 怎样将中间轴主动齿轮和前行星齿轮总成安装到变速器壳上？
3. 安装制动器活塞及 O 形圈时要先进行哪项操作？
4. 怎样安装驻车/空档位置开关？
5. 自动变速器的常见故障有哪些，这些故障与哪些因素有关？

第 14 天　变矩器和 ATF 泵的检修

 学习目标

1. 了解自动变速器油（ATF）泵的结构组成。
2. 学会检查和安装液力变矩器。
3. 掌握 ATF 泵的拆解、检查和组装方法。

 基础知识

丰田 U340E ATF 泵的结构如图 14-1 所示。该变速器采用摆线型内啮合齿轮泵。ATF 泵由变矩器驱动，可润滑行星齿轮组，并为液压控制系统提供运行所需的液压。

 实际操作

一、变矩器的检查

（1）检查单向离合器

1）如图 14-2 所示，安装 SST（油封顶拔器），使其正好装配到变矩器壳上的缺口和单向离合器的外圈缺口上。

2）用手指压住定轮（导轮）的齿面并使其转动，如图 14-3 所示。
检查并确认导轮在顺时针方向转动平稳，且逆时针方向被锁定。如果单向离合器无法正

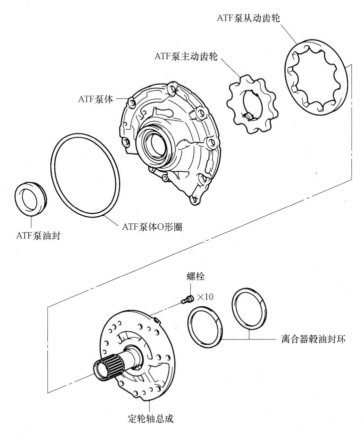

图 14-1 ATF 泵结构

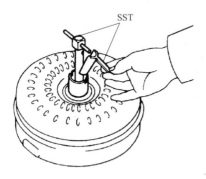

图 14-2 安装油封顶拨器 SST

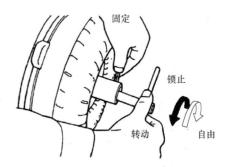

图 14-3 检查导轮单向离合器

常工作,则更换变矩器。

(2) 检查变矩器总成的状态

如果变矩器总成的检查结果符合以下任意一项,则更换变矩器:

1) 失速测试或变速杆在 N 位时变矩器发出金属声。
2) 单向离合器在顺时针和逆时针方向都可转动或都被锁定。
3) ATF 中存在的细粉量超过了样本的限度(图 14-4)。

> **提示：**
>
> 样本为从拆卸下的变矩器中倒出的约 0.25L ATF。

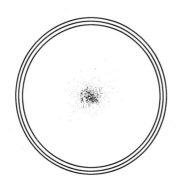

图 14-4 样本最大粉末含量示意

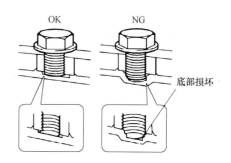

图 14-5 变矩器变形情况

（3）更换变矩器中的 ATF

如果 ATF 变色或有异味，则彻底搅动变矩器中的 ATF，使变矩器装配面向上，排出 ATF。

（4）清洗和检查 ATF 冷却器和 ATF 管路

1）如果检查过变矩器或更换过 ATF，则清洗 ATF 冷却器和 ATF 管路。

> **提示：**
>
> ① 向进油软管中吹入 196kPa 压缩空气。
>
> ② 如果发现 ATF 中细粉过量，则用油枪泵添加新 ATF，然后再次清洁。

2）如果 ATF 颜色比较浑浊，则检查 ATF 冷却器（散热器）。

（5）防止变矩器变形及对油泵齿轮造成损坏

1）如果在变矩器的螺栓端部及螺栓孔的底部发现干扰痕迹，则更换螺栓和变矩器，如图 14-5 所示。

2）所有的螺栓长度必须相同。

3）确保没有丢失弹簧垫圈。

二、变矩器的安装

1）用游标卡尺和直尺测量发动机与变速器装配面及驱动板与变矩器装配面之间的尺寸 A，如图 14-6 所示。

2）将 ATF 泵主动齿轮的键设置到顶部并在外壳上做标记，如图 14-7 所示。

3）在变矩器上做标记，将其凹槽明确标出，如图 14-8 所示。

4）将外壳上的标记对准变矩器上的一个标记，并将输入轴花键安装到涡轮花键上，如图 14-9 所示。

5) 旋转变矩器（约180°），将定轮轴花键安装到定轮花键上，如图14-10所示。

6) 旋转变矩器，将外壳上的标记再次与变矩器上的标记对准，并将ATF泵主动齿轮键安装到变矩器键槽上，如图14-11所示。

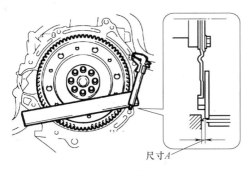

图14-6 测量尺寸 A

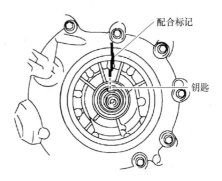

图14-7 设置ATF泵主动齿轮位置

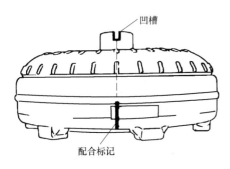

图14-8 标记变矩器凹槽位置

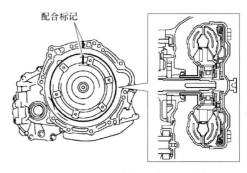

图14-9 将输入轴花键安装到涡轮花键上

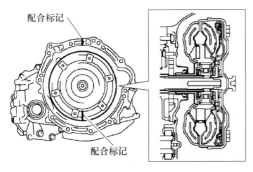

图14-10 将定轮轴花键安装到定轮花键上

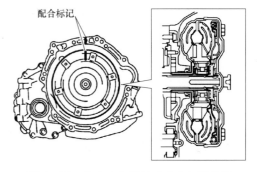

图14-11 将主动齿轮键对准变矩器键槽

7) 用游标卡尺和直尺测量图14-12中的尺寸 B。检查并确认尺寸 B 大于步骤1) 中测量的尺寸 A。

标准：$B=A+1mm$ 或更大。

三、ATF泵的拆解

1) 从ATF泵体上拆下O形圈，如图14-13所示。

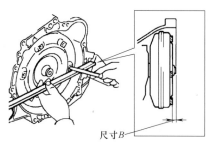

图 14-12 测量尺寸 B

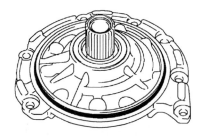

图 14-13 拆下 ATF 泵体 O 形圈

2）拆卸定轮轴总成，如图 14-14 所示。用梅花套筒扳手 T30 拆下 10 个螺栓和定轮轴总成。

3）从 ATF 泵体上拆下主动齿轮，如图 14-15 所示。

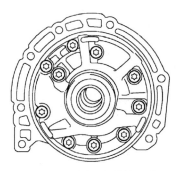

图 14-14 拆下定轮轴总成

图 14-15 拆下 ATF 泵主动齿轮

4）从 ATF 泵体上拆下从动齿轮，如图 14-16 所示。

5）用 SST（油封顶拔器）拆下 ATF 泵油封，如图 14-17 所示。

图 14-16 拆下 ATF 泵从动齿轮

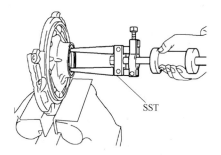

图 14-17 拆下 ATF 泵油封

6）从定轮轴总成上拆下 2 个离合器毂油封环，如图 14-18 所示。

四、变速器油泵的检查

（1）检查定轮轴总成

1）如图 14-19 所示，用百分表测量定轮轴衬套内径。如果内径大于最大值（21.526mm），则更换定轮轴。

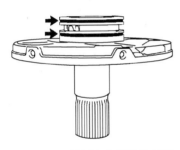

图 14-18　拆下离合器毂油封环

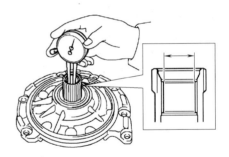

图 14-19　测量定轮轴衬套内径

2) 如图 14-20 所示, 将输入轴分总成安装到定轮轴总成上, 检查并确认输入轴分总成转动平稳。

① 如果定轮总成运行不平稳或有异常噪声, 则更换定轮总成。

② 更换时要检查输入轴与轴承的接触表面, 发现任何损坏或褪色, 都应更换输入轴。

(2) 检查 ATF 泵齿轮间隙

1) 测量从动齿轮齿和主动齿轮齿之间的齿顶间隙, 如图 14-21 所示。如果齿顶间隙大于最大值 (0.15mm), 则更换前 ATF 泵体分总成。

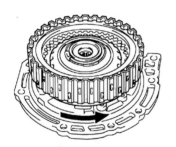

图 14-20　确保输入轴转动平稳

图 14-21　测量齿顶间隙

2) 将从动齿轮推入泵体一侧, 用塞尺测量间隙, 如图 14-22 所示。如果泵体间隙大于最大值 (0.15mm), 更换 ATF 泵体分总成。

3) 用钢直尺和塞尺测量两个齿轮的侧隙, 如图 14-23 所示。如果侧隙大于最大值 (0.05mm), 则更换 ATF 泵主动齿轮、从动齿轮或 ATF 泵。

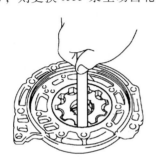

图 14-22　测量泵体间隙

图 14-23　测量齿轮侧隙

(3) 检查前 ATF 泵体分总成

用百分表测量 ATF 泵体衬套内径，如图 14-24 所示。如果内径大于最大值（38.138mm），则更换前 ATF 泵体分总成。

五、ATF 泵的重新组装

1）安装离合器毂油封环，如图 14-25 所示。在 2 个新离合器毂油封环上涂 ATF，并将其安装到定轮轴总成上。

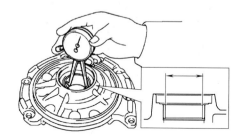

图 14-24 测量 ATF 泵体衬套内径

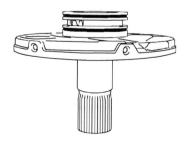

图 14-25 安装离合器毂油封环

2）安装 ATF 泵油封，如图 14-26 所示。
① 用 SST 将新 ATF 泵油封安装到 ATF 泵上。
② 在油封唇部涂润滑脂。
3）安装 ATF 泵从动齿轮，如图 14-27 所示。在 ATF 泵从动齿轮上涂 ATF，并将其安装到 ATF 泵体上，标记侧向上。

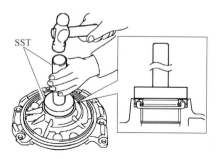

图 14-26 安装 ATF 泵油封

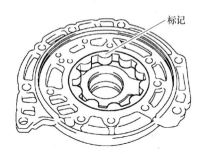

图 14-27 安装 ATF 泵从动齿轮

4）安装 ATF 泵主动齿轮，如图 14-28 所示。在 ATF 泵主动齿轮上涂 ATF，并将其安装到 ATF 泵体上，标记侧向上。
5）用梅花套筒扳手和 10 个螺栓安装定轮轴总成，如图 14-29 所示。

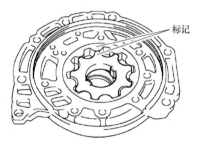

图 14-28 安装 ATF 泵主动齿轮

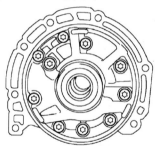

图 14-29 安装定轮轴总成

6）检查前 ATF 泵主动齿轮，如图 14-30 所示。用 2 个螺钉旋具转动主动齿轮，并确保齿轮能顺畅转动。

7）安装 ATF 泵体 O 形圈，如图 14-31 所示。在新 ATF 泵体 O 形圈上涂 ATF，并将其安装到 ATF 泵体上。

图 14-30　检查 ATF 泵主动齿轮

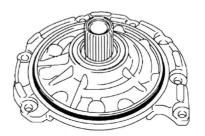

图 14-31　安装 ATF 泵 O 形圈

你学会了吗？

1. ATF 泵起什么作用？由哪些部件构成？
2. 怎样检查和安装液力变矩器？
3. 怎样检查 ATF 泵？
4. 怎样拆解和组装 ATF 泵？

第 15 天　输入轴和 2 档制动器活塞的检修

学习目标

1. 了解丰田 U340E 自动变速器输入轴和 2 档制动器活塞的结构。
2. 学会拆解和重新组装丰田 U340E 自动变速器输入轴。
3. 学会拆解和重新组装丰田 U340E 自动变速器 2 档制动器活塞。

基础知识

丰田 U340E 自动变速器输入轴和 2 档制动器活塞的结构分别如图 15-1 和图 15-2 所示。

实际操作

一、输入轴的拆解

1）拆卸前离合器摩擦片，如图 15-3 所示。

① 用螺钉旋具拆下卡环。

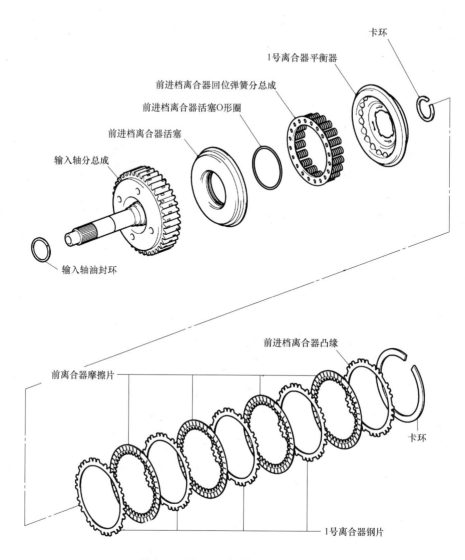

图 15-1 U340E 变速器输入轴的结构

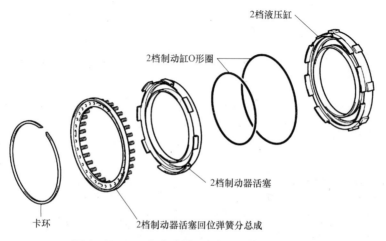

图 15-2 U340E 变速器 2 档制动器活塞的结构

② 从输入轴分总成上拆下前进档离合器凸缘、4个前离合器摩擦片和4个1号离合器钢片。

图 15-3 拆卸前离合器摩擦片

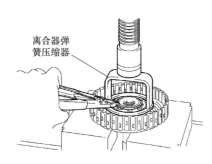

图 15-4 拆下卡环

2）拆卸前进档离合器回位弹簧分总成。
① 将离合器弹簧压缩器装到1号离合器平衡器上，然后用压力器压缩回位弹簧。
② 用卡环钳拆下卡环，如图15-4所示。
③ 拆下1号离合器平衡器和前进档离合器回位弹簧，如图15-5所示。
3）拆卸前进档离合器活塞，如图15-6所示。

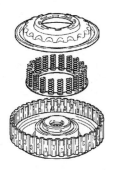

图 15-5 拆下离合器平衡器

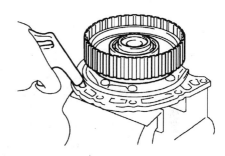

图 15-6 拆卸前进档离合器活塞

① 将输入轴分总成安装到ATF泵体上。
② 用手握住前进档离合器活塞，向ATF泵中注入压缩空气（392kPa），拆下前进档离合器活塞。

 提示：

如果因活塞倾斜而不能拆卸，则按下凸起侧再次注入压缩空气，或使用端部缠有保护带的尖嘴钳拆下活塞。

4）拆卸前进档离合器活塞O形圈，如图15-7所示。
5）从输入轴分总成上拆下输入轴油封环，如图15-8所示。

二、前进档离合器的检查

1）检查摩擦片、钢片和凸缘的滑动表面是否磨损或烧蚀，必要时更换。

2) 检查前进档离合器回位弹簧分总成,如图 15-9 所示。用游标卡尺测量包括弹簧座在内的弹簧自由长度。如果自由长度小于标准自由长度 (21.69mm),则更换前进档离合器回位弹簧分总成。

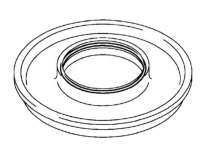

图 15-7 拆卸离合器活塞 O 形圈

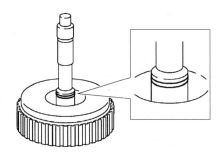

图 15-8 拆下输入轴油封环

三、前进档离合器的重新组装

1) 安装输入轴油封环。在新输入轴油封环上涂 ATF,并将其安装到输入轴分总成上。

2) 安装前进档离合器活塞 O 形圈。在新前进档离合器活塞 O 形圈上涂 ATF,然后将其安装到前进档离合器活塞上。

3) 将前进档离合器活塞安装到输入轴分总成上,如图 15-10 所示。

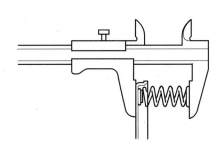

图 15-9 检查离合器回位弹簧

图 15-10 安装离合器活塞

4) 安装前进档离合器回位弹簧分总成。

① 将前进档离合器回位弹簧分总成和 1 号离合器平衡器安装到输入轴分总成上。

② 用离合器弹簧压缩器、压力器和卡环钳,将卡环安装到输入轴分总成上。

5) 安装前离合器摩擦片,如图 15-11 所示。

① 安装 4 个 1 号离合器钢片、4 个前离合器摩擦片和前进档离合器凸缘。

② 用螺钉旋具将卡环安装到输入轴分总成上。

6) 检查前进档离合器的装配间隙,如图 15-12 所示。在充入和释放压缩空气时,用百分表测量装配间隙。如果间隙不在规定范围内,则更换新制动器凸缘。

四、2 档制动器活塞的拆解

1) 拆卸 2 档制动器活塞回位弹簧分总成。

① 用 SST 和压力器,从 2 档制动器活塞上拆下卡环,如图 15-13 所示。

② 从 2 档液压缸上拆下 2 档制动器活塞回位弹簧，如图 15-14 所示。

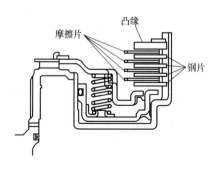

图 15-11 安装前离合器摩擦片

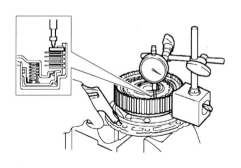

图 15-12 检查离合器装配间隙

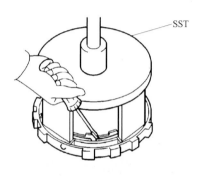

图 15-13 拆下卡环

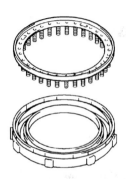

图 15-14 拆下制动器活塞回位弹簧

2）拆下 2 档制动器活塞，如图 15-15 所示。固定住 2 档制动器活塞，向 2 档液压缸里充入压缩空气，拆下 2 档制动器活塞。

3）拆卸 2 档液压缸 O 形圈，如图 15-16 所示。

用螺钉旋具从 2 档液压缸上拆下 2 个 2 档液压缸 O 形圈。

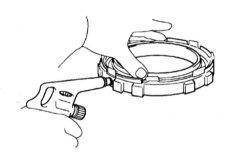

图 15-15 拆下制动器活塞

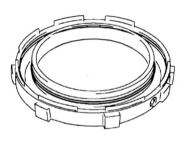

图 15-16 拆卸液压缸 O 形圈

五、2 档制动器活塞的重新组装

1）检查 2 档制动器活塞回位弹簧分总成，如图 15-17 所示。

用游标卡尺测量包括弹簧座在内的弹簧自由长度。如果自由长度小于标准自由长度（14.65mm），则更换 2 档制动器活塞回位弹簧分总成。

2）安装 2 档液压缸 O 形圈，如图 15-18 所示。在 2 个新 2 档液压缸 O 形圈上涂 ATF，并将其安装到 2 档液压缸上。

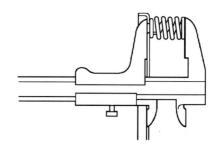

图 15-17　测量弹簧自由长度

3）安装 2 档制动器活塞，如图 15-19 所示。在 2 档制动器活塞上涂 ATF，并将其安装到 2 档液压缸上。

4）安装 2 档制动器活塞回位弹簧分总成。

① 安装 2 档制动器活塞回位弹簧分总成。

图 15-18　安装液压缸 O 形圈

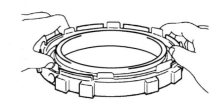

图 15-19　安装制动器活塞

② 将 SST 装在 2 档制动器活塞回位弹簧分总成上，用压力器压缩活塞回位弹簧。

③ 用螺钉旋具安装卡环。

 注意：

确保卡环的端口与活塞回位弹簧定位爪不对齐。

 你学会了吗？

1. 丰田 U340E 自动变速器的输入轴主要包括哪些部件？
2. 怎样拆解 U340E 自动变速器的前进档离合器？
3. 怎样检查 U340E 自动变速器前进档离合器的装配间隙？
4. 怎样拆卸 U340E 自动变速器 2 档制动器活塞？

第16天　中间轴的检修

1. 了解丰田 U340E 自动变速器中间轴的结构。
2. 学习丰田 U340E 自动变速器中间轴的的拆解和重新组装方法。
3. 掌握丰田 U340E 自动变速器中间轴的检查方法。

基础知识

丰田 U340E 自动变速器中间轴的结构如图 16-1 和图 16-2 所示。

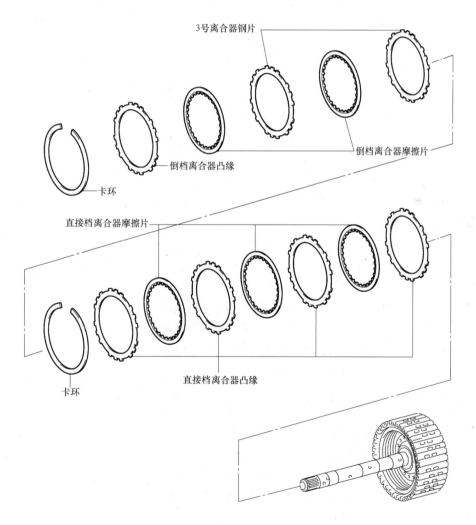

图 16-1　中间轴的结构一

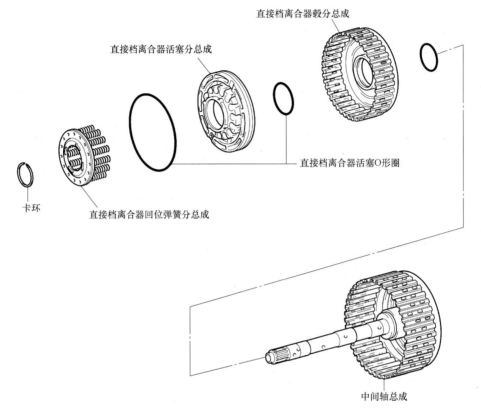

图 16-2 中间轴的结构二

实际操作

一、中间轴的拆解

1）拆卸倒档离合器摩擦片，如图 16-3 所示。
① 用螺钉旋具拆下卡环。
② 拆下倒档离合器凸缘、2个倒档离合器摩擦片和2个3号离合器钢片。
2）拆卸直接档离合器摩擦片，如图 16-4 所示。
① 用螺钉旋具拆下卡环。

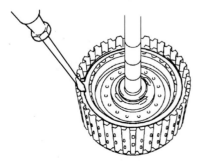

图 16-3 拆卸倒档离合器摩擦片

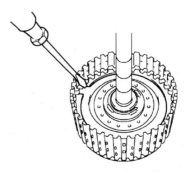

图 16-4 拆卸直接档离合器摩擦片

② 拆下 4 个直接档离合器凸缘、3 个直接档离合器摩擦片。

3）拆卸直接档离合器回位弹簧分总成，如图 16-5 所示。

① 用直接档离合器扳手和压力器拆下卡环。

② 从中间轴分总成上拆下直接档离合器回位弹簧分总成。

4）拆卸直接档离合器活塞分总成。

① 将中间轴分总成安装到变速器后盖分总成上。

② 如图 16-6 所示，向油孔充入压缩空气（392kPa），并从中间轴分总成上拆下直接档离合器活塞分总成。

图 16-5 拆卸直接档离合器回位弹簧分总成

5）拆卸直接档离合器毂分总成。

① 将中间轴分总成安装到变速器后盖分总成上。

② 将直接档离合器毂上的标记与中间轴的缺口对准。

③ 如图 16-7 所示，向油孔充入压缩空气，并从中间轴分总成上拆下直接档离合器毂分总成。

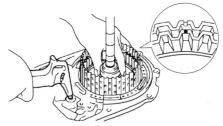

图 16-6 拆卸直接档离合器活塞分总成

图 16-7 拆下直接档离合器毂

6）拆卸直接档离合器活塞 O 形圈，如图 16-8 所示。

用螺钉旋具从直接档离合器活塞上拆下 2 个直接档离合器活塞 O 形圈。

7）拆卸直接档离合器毂 O 形圈，如图 16-9 所示。

用螺钉旋具从直接档离合器毂分总成上拆下直接档离合器毂 O 形圈。

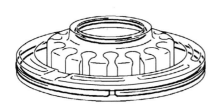

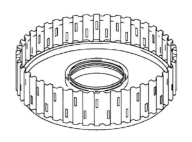

图 16-8 拆卸直接档离合器活塞 O 形圈

图 16-9 拆卸直接档离合器毂 O 形圈

二、中间轴的检查

1)检查倒档离合器摩擦片、钢片和凸缘的滑动表面是否磨损或烧蚀,必要时更换。

提示:

① 如果摩擦片衬层剥落或褪色,或部分标记磨损,则需要更换所有摩擦片。
② 装配新摩擦片前,将其在 ATF 中浸泡至少 15min。

2)检查直接档离合器摩擦片和凸缘的滑动表面是否磨损或烧蚀,必要时更换。
① 如果摩擦片衬层剥落或褪色,或部分标记磨损,则需要更换所有摩擦片。
② 装配新摩擦片前,将其在 ATF 中浸泡至少 15min。
3)检查直接档离合器回位弹簧分总成。
用游标卡尺测量包括弹簧座在内的弹簧自由长度,如图 16-10 所示。如果自由长度小于标准值(32.9mm),则更换直接档离合器回位弹簧分总成。
4)检查直接档离合器活塞分总成,如图 16-11 所示。摇动直接档离合器销并确定止回球未被挡住。
5)检查中间轴分总成,如图 16-12 所示。摇动直接档离合器销并确定止回球未被挡住。

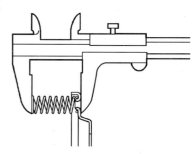

图 16-10 测量弹簧自由长度

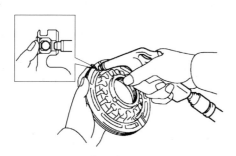

图 16-11 检查直接档离合器活塞

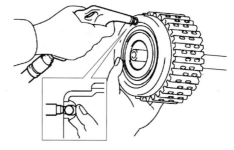

图 16-12 检查中间轴分总成

三、中间轴的重新组装

1)安装直接档离合器毂 O 形圈,如图 16-13 所示。在新直接档离合器毂 O 形圈上涂 ATF,然后将其安装到直接档离合器毂分总成上。

2)安装直接档离合器活塞 O 形圈,如图 16-14 所示。在 2 个新直接档离合器活塞 O 形圈上涂 ATF,然后将其安装到直接档离合器活塞分总成上。

3)安装直接档离合器毂分总成。
① 在直接档离合器毂分总成上涂 ATF。
② 如图 16-15 所示,将中间轴分总成上的缺口对准直接档离合器毂上的配合标记,并将直接档离合器毂分总成安装到中间轴分总成上。

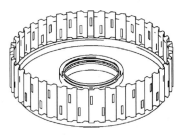

图 16-13 安装离合器毂 O 形圈

图 16-14 安装离合器活塞 O 形圈

4)安装直接档离合器活塞分总成,如图 16-16 所示。在直接档离合器活塞分总成上涂 ATF,并将其安装到中间轴分总成上。

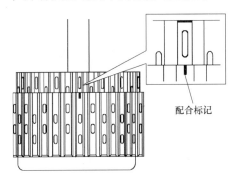

图 16-15 安装直接档离合器毂

图 16-16 安装直接档离合器活塞

5)安装直接档离合器回位弹簧分总成。

① 将直接档离合器回位弹簧分总成安装到直接档离合器活塞分总成上。

② 如图 16-17 所示,将直接档离合器扳手安装到直接档离合器活塞回位弹簧分总成上,用压力器压缩弹簧。

③ 用卡环钳将卡环安装到直接档离合器毂分总成上。

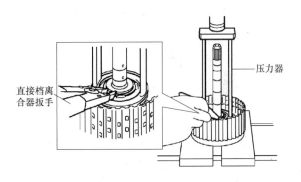

图 16-17 安装直接档离合器回位弹簧

注意:

弹簧座降至距卡环槽 1~2mm 时,停止按压,防止弹簧座变形。

6)安装直接档离合器摩擦片,如图 16-18 所示。

① 在 4 个直接档离合器凸缘和 3 个摩擦片上涂 ATF,并将其安装到中间轴分总成上。

② 将卡环安装到中间轴分总成上。

7)安装倒档离合器摩擦片,如图 16-19 所示。

① 在 2 个 3 号直接档离合器钢片、2 个倒档离合器摩擦片和倒档离合器凸缘上涂 ATF,并将其安装到中间轴分总成上。

② 将卡环安装到中间轴分总成上。

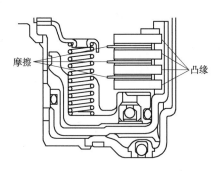

图 16-18 安装直接档离合器摩擦片

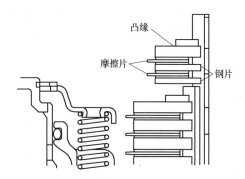

图 16-19 安装倒档离合器摩擦片

8）检查倒档离合器的装配间隙，如图 16-20 所示。

① 将中间轴分总成和后离合器毂推力滚针轴承安装到变速器后盖分总成上。

② 在充入和释放压缩空气时，用百分表测量倒档离合器装配间隙。如果间隙不在规定范围内（0.862~1.262mm），则更换新制动器凸缘。

9）检查直接档离合器的装配间隙，如图 16-21 所示。

① 将中间轴分总成和后离合器毂推力滚针轴承安装到变速器后盖分总成上。

② 在充入和释放压缩空气时，用百分表和测量端子测量前进档离合器装配间隙。如果间隙值不在规定范围内（0.62~1.02mm），则更换新制动器凸缘。

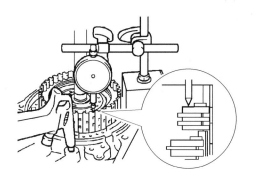

图 16-20 检查倒档离合器的装配间隙

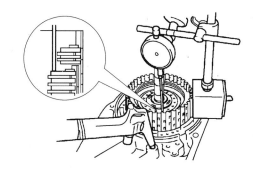

图 16-21 检查直接档离合器的装配间隙

 提示：

使用压缩空气后，直接档和倒档离合器会脱出。因此进行检查时，使用压印器或同类工具按压在直接档和倒档离合器的输入轴上，这样压力就不会施加到直接档和倒档离合器上。

 你学会了吗？

1. 丰田 U340E 自动变速器的中间轴包括哪两个离合器？

2. 丰田 U340E 自动变速器中间轴的拆解顺序是怎样的？
3. 重新组装中间轴时的注意事项有哪些？
4. 怎样检查丰田 U340E 自动变速器的中间轴？

第 17 天　变速器后盖和阀体的检修

学习目标

1. 了解丰田 U340E 自动变速器后盖和阀体的结构。
2. 学习丰田 U340E 自动变速器后盖的拆解和重新组装方法。
3. 学习丰田 U340E 自动变速器换档电磁阀的拆卸和安装方法。
4. 掌握丰田 U340E 自动变速器换档电磁阀的检查方法。

基础知识

丰田 U340E 自动变速器后盖的结构如图 17-1 所示，阀体的结构如图 17-2 所示。

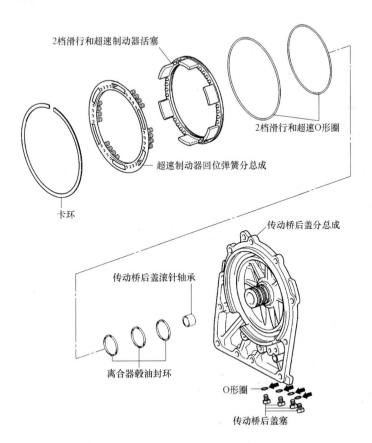

图 17-1　U340E 变速器后盖的结构

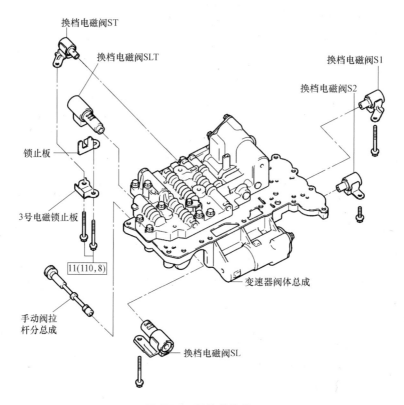

图 17-2　阀体的结构

 实际操作

一、变速器后盖的拆解

1）拆卸变速器后盖塞，如图 17-3 所示。
① 从变速器后盖分总成上拆下 4 个变速器后盖塞。
② 用螺钉旋具从 4 个变速器后盖塞上拆下 4 个 O 形圈。
2）拆卸超速制动器回位弹簧分总成，如图 17-4 所示。

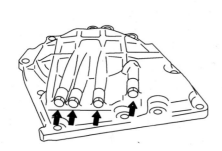

图 17-3　拆卸变速器后盖塞

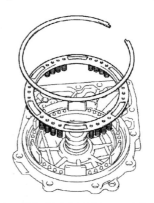

图 17-4　拆卸超速制动器回位弹簧分总成

① 用制动器扳手、压力器和螺钉旋具拆下卡环。

超速制动器活塞降至距卡环槽 1~2mm 时，停止按压，防止超速制动器活塞变形。

② 从变速器后盖分总成上拆下超速制动器回位弹簧分总成。

3) 拆卸 2 档滑行和超速制动器活塞，如图 17-5 所示。向变速器后盖分总成充入压缩空气以拆下 2 档滑行和超速制动器活塞。

注意：

充入压缩空气可能会导致活塞弹出。拆下活塞时，要垫着布握住活塞。

4) 拆卸 2 档滑行和超速制动器活塞 O 形圈，如图 17-6 所示。用螺钉旋具从 2 档滑行和超速制动器活塞上拆下 2 个 O 形圈。

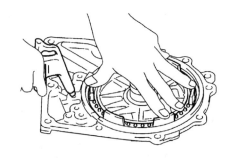

图 17-5 拆卸 2 档滑行和超速制动器活塞

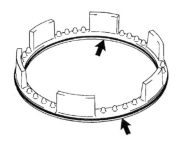

图 17-6 拆下 2 档滑行和超速制动器活塞 O 形圈

5) 拆卸离合器毂油封，如图 17-7 所示。从变速器后盖分总成上拆下 3 个离合器毂油封。

6) 拆卸变速器后盖滚针轴承，如图 17-8 所示。用轴承顶拔器从变速器后盖分总成上拆下变速器后盖滚针轴承。

图 17-7 拆卸离合器毂油封

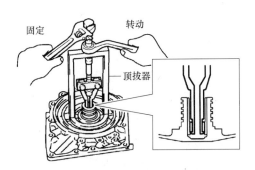

图 17-8 拆卸变速器后盖滚针轴承

二、变速器后盖的组装

1）检查超速制动器回位弹簧分总成。

用游标卡尺测量包括弹簧座在内的弹簧自由长度，如图 17-9 所示。如果自由长度小于标准值（17.88mm），则更换超速制动器回位弹簧分总成。

2）安装变速器后盖滚针轴承，如图 17-10 所示。

① 在新变速器后盖滚针轴承上涂 ATF。

② 用轴承安装工具和压力器，将变速器后盖滚针轴承安装到变速器后盖分总成上（标准间隙 25.2mm）。

3）安装离合器毂油封，如图 17-11 所示。

① 从两侧压离合器毂油封以增加尺寸 A（5.0mm）。

② 在离合器油封上涂 ATF，并将其安装到变速器后盖分总成上。

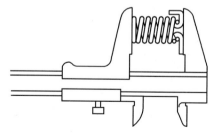

图 17-9　测量弹簧自由长度

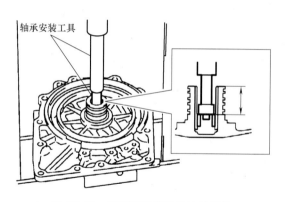

图 17-10　安装变速器后盖滚针轴承

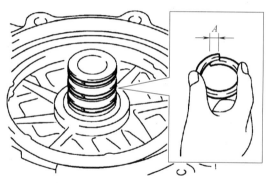

图 17-11　安装离合器毂油封

4）安装 2 档滑行和超速制动器活塞 O 形圈，如图 17-12 所示。在 2 个新 2 档滑行和超速制动器活塞 O 形圈上涂 ATF，并将其安装到 2 档滑行和超速制动器活塞上。

5）安装 2 档滑行和超速制动器活塞，如图 17-13 所示。在 2 档滑行和超速制动器活塞上涂 ATF，并将其安装到变速器后盖分总成上。

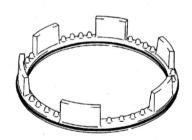

图 17-12　安装 2 档滑行和超速制动器活塞 O 形圈

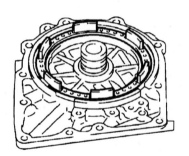

图 17-13　安装 2 档滑行和超速制动器活塞

6)安装超速制动器回位弹簧分总成。用制动器扳手和压力器将超速制动器回位弹簧分总成和卡环安装到变速器后盖分总成上。

7)安装变速器后盖塞。

① 在4个新变速器后盖塞O形圈上涂ATF,并将其安装到4个变速器后盖塞上。

② 将4个变速器后盖塞安装到变速器后盖分总成上。

三、阀体的拆解

1)拧下螺栓并拉出换档电磁阀S1,如图17-14所示。

2)拧下螺栓并拉出换档电磁阀S2,如图17-15所示。

3)拧下螺栓并拉出换档电磁阀SL,如图17-16所示。

4)拆卸换档电磁阀ST和换档电磁阀SLT,如图17-17所示。

① 从变速器阀体总成上拆下2个螺栓和3号电磁锁止板。

② 从变速器阀体总成中拉出换档电磁阀ST。

③ 从换档电磁阀SLT上拆下1号锁止板。

④ 从变速器阀体总成中拉出换档电磁阀SLT。

5)从变速器阀体总成上拆下手动阀分总成,如图17-18所示。

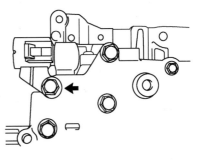

图 17-14 拆下换档电磁阀 S1

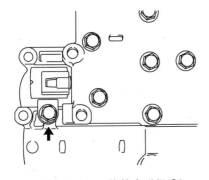

图 17-15 拆下换档电磁阀 S2

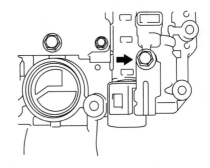

图 17-16 拆下换档电磁阀 SL

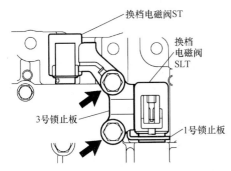

图 17-17 拆下换档电磁阀 ST 和换档电磁阀 SLT

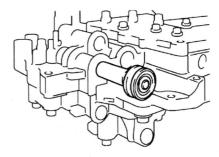

图 17-18 拆下手动阀分总成

四、换档电磁阀的检查

1）检查换档电磁阀 S1，如图 17-19 所示。

① 根据表 17-1 中的数值测量电阻。如果电阻值不符合规定，则更换换档电磁阀 S1。

表 17-1　测量电阻参考数据

IT-Ⅱ连接	温度	规定电阻值
电磁线圈插接器(S1)-电磁线圈体(S1)	15~25℃	11~15Ω

② 将蓄电池正极（+）引线连接到电磁线圈插接器的端子上，将蓄电池负极（-）引线连接到电磁线圈体上，然后检查电磁阀的工作情况。

正常时，电磁阀会发出工作声。如果不能工作，则更换换档电磁阀 S1。

2）检查换档电磁阀 S2，如图 17-20 所示。

① 根据表 17-1 中的数值测量电阻。如果电阻值不符合规定，则更换换档电磁阀 S2。

② 将蓄电池正极（+）引线连接到电磁线圈插接器的端子上，将蓄电池负极（-）引线连接到电磁线圈体上，然后检查电磁阀的工作情况。

正常时，电磁阀会发出工作声。如果不能工作，则更换换档电磁阀 S2。

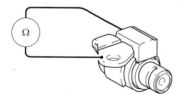

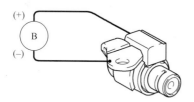

图 17-19　检查换档电磁阀 S1

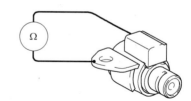

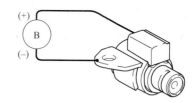

图 17-20　检查换档电磁阀 S2

3）检查换档电磁阀 ST，如图 17-21 所示。

① 根据表 17-1 中的数值测量电阻。如果电阻值不符合规定，则更换换档电磁阀 ST。

② 将蓄电池正极（+）引线连接到电磁线圈插接器的端子上，将蓄电池负极（-）引线连接到电磁线圈体上，然后检查电磁阀的工作情况。

正常时，电磁阀会发出工作声。如果不能工作，则更换换档电磁阀 ST。

4）检查换档电磁阀 SLT，如图 17-22 所示。

① 根据表 17-2 中的数值测量电阻。如果电阻值不符合规定，则更换换档电磁阀 SLT。

表 17-2　测量电阻参考数据

IT-Ⅱ连接	温度	规定电阻值
1-2	20℃	5.0~5.6Ω

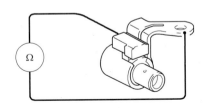

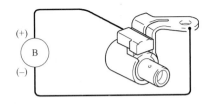

图 17-21　检查换档电磁阀 ST

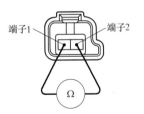

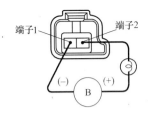

图 17-22　检查换档电磁阀 SLT

② 将连有一个 21W 灯泡的蓄电池正极（+）引线接到电磁阀插接器的端子 2 上，将蓄电池负极（-）引线连接到电磁阀插接器的端子 1 上，然后检查电磁阀的工作情况。

正常时，电磁阀会发出工作声。如果不能工作，则更换换档电磁阀 SLT。

5）检查换档电磁阀 SL，如图 17-23 所示。

① 根据表 17-1 中的数值测量电阻。如果电阻值不符合规定，则更换换档电磁阀 SL。

② 将蓄电池正极（+）引线连接到电磁线圈插接器的端子上，将蓄电池负极（-）引线连接到电磁线圈体上，然后检查电磁阀的工作情况。

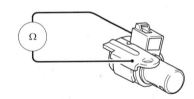

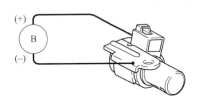

图 17-23　检查换档电磁阀 SL

正常时，电磁阀会发出工作声。如果不能工作，则更换换档电磁阀 SL。

五、阀体的重新安装

1）安装手动阀拉杆分总成在手动阀分总成上涂 ATF，并将其安装到变速器阀体总成上。

2）安装电磁阀 SLT 和电磁阀 ST。

① 将换档电磁阀 SLT 安装到阀体上。

② 将 1 号电磁锁止板安装到换档电磁阀 SLT 上。

③ 将换档电磁阀 ST 安装到阀体上。

④ 用 2 个螺栓将 3 号电磁锁止板安装到阀体上。

3）用螺栓固定换档电磁阀 SL。

4）用螺栓固定换档电磁阀 S2。

5）用螺栓固定换档电磁阀 S1。

▌你学会了吗?

1. 丰田 U340E 自动变速器的阀体上包括哪些换档电磁阀？
2. 怎样拆解和组装丰田 U340E 自动变速器后盖？
3. 拆卸或安装制动器回位弹簧时有什么注意事项？
4. 怎样检查丰田 U340E 自动变速器的换档电磁阀？

第四章

双离合变速器(DCT/DSG)

第18天　双离合变速器的结构与工作原理

　学习目标

1. 了解双离合变速器的特点和结构。
2. 了解双离合变速器的基本工作原理。
3. 掌握双离合变速器的换档原理。

　基础知识

双离合变速器（Dual Clutch Transmission，DCT）是基于手动变速器，同时有别于一般自动变速器的自动传动装置。与手动变速器不同的是，DCT 中的两个离合器与两根输入轴相连，换档和离合操作都是通过电液控制单元实现的。与采用液力变矩器的行星齿轮式自动变速器相比，双离合变速器的换档速度更快，传动效率更高。

下面以大众公司的双离合变速器（DSG）为例，讲解双离合变速器的结构和工作原理。

一、DSG 的总体结构

DSG 是"Direct Shift Gearbox"的首字缩写，意为"直接换档变速器"。它是大众/奥迪车系广泛使用的双离合变速器。DSG 的离合器分为湿式和干式两种。

目前，大众车系常用的 DSG 有 0AM 和 02E 两种型号。其中，0AM 为 7 档干式双离合变速器，02E 为 6 档湿式双离合变速器。02E 变速器的总体结构如图 18-1 所示，它由多片式双离合器、两根输入轴、两根输出轴、倒档齿轮轴、带驻车锁止机构的差速器、同步器、变速器壳体、油泵和电液控制单元等组成。

二、DSG 的基本工作原理

如图 18-2 所示，02E 变速器主要由两个相互独立的传动机构组成，传动机构的结构与手动变速器相似，各档齿轮都配有传统手动变速器的同步装置和换档机构，且均配备多片式

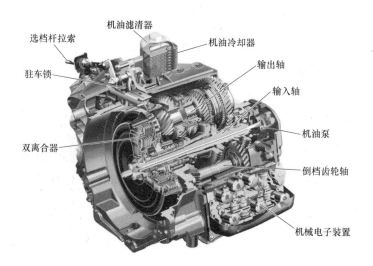

图 18-1 大众 02E 变速器的总体结构

离合器。多片式离合器均为湿式离合器,在双离合变速器油里工作,其机械电子系统根据将要挂入的档位控制调节、分离和啮合动作。多片式离合器 K1 负责切换到 1、3、5 档和倒档,多片式离合器 K2 负责切换到 2、4 和 6 档。工作中,总有一个传动机构在传递动力,同时另一个传动机构已经挂上邻近高档,只是该档的离合器未接合。

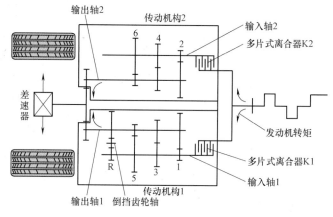

图 18-2 02E 变速器的基本工作原理

注意,为清楚表示出每个轴,图 18-3 所示的输出轴 1、输出轴 2 及倒档轴所处位置与实际位置不同。

发动机转矩由双质量飞轮经花键传递到双离合器的输入毂上,然后传递到多片式离合器的主动盘片上。主动盘片通过离合器 K1 的外片支架与离合器的主毂联在一起。离合器 K2 的外片支架也与主毂联在一起以传递转矩。

三、多片式双离合器

转矩经离合器外片支架传递到相应的离合器内。当离合器接合时,转矩传递到离合器内片支架上,即传递到相应的输入轴上。

因为离合器 K1 用作 1 档和倒档起步离合器,所以其上的负荷要大于离合器 K2 上的负荷。在结构设计上,离合器 K1 处于外侧且直径稍大于离合器 K2,这样能传递更大的转矩。

1. 多片式离合器 K1

如图 18-4 所示,离合器 K1 是外离合器,可将转矩传递到 1、3、5 档和倒档所在的输入轴 1 上。将双离合变速器油压入离合器 K1 的压力腔内,推动活塞 1 移动,使离合器 K1 的

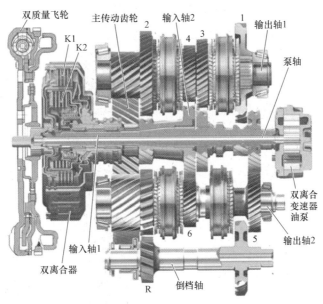

图 18-3　02E 变速器平面视图

片组压靠在一起，转矩经内片支架的片组传递到输入轴 1 上。离合器 K1 脱开时，碟形弹簧将活塞 1 又压回到初始位置。

2. 多片式离合器 K2

如图 18-5 所示，离合器 K2 是内离合器，可将转矩传递到 2、4、6 档所在的输入轴 2 上。将双离合变速器油压入离合器 K2 的压力腔内，推动活塞 2 移动，使离合器 K1 的片组压靠在一起，转矩经内片支架的片组传递到输入轴 2 上。

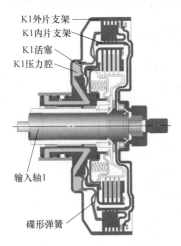

图 18-4　离合器 K1 的结构

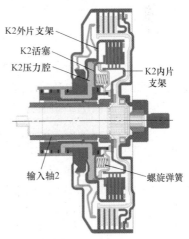

图 18-5　离合器 K2 的结构

四、输入轴

1. 输入轴 1

如图 18-6 所示，输入轴 1 在中空的输入轴 2 内转动，它通过花键与多片式离合器 K1 相连。输入轴 1 上有 5 档齿轮、1 档/倒档齿轮和 3 档齿轮。

为获得输入轴 1 的转速,在 1 档/倒档齿轮和 3 档齿轮之间装有靶轮,为输入轴 1 的转速传感器 G501 提供参考信号。

2. 输入轴 2

如图 18-7 所示,输入轴 2 相对输入轴 1 更靠近双离合器。输入轴 2 上有用于 6、4、2 档的斜齿轮,6 档和 4 档共用同一个齿轮。

为获得输入轴 2 的转速,2 档齿轮旁装有靶轮,为输入轴 2 的转速传感器 G502 提供参考信号。

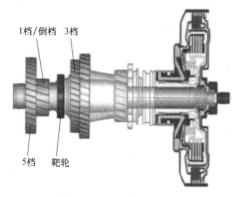

图 18-6 输入轴 1 的结构

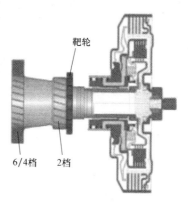

图 18-7 输入轴 2 的结构

五、换档机构

DSG 的换档机构与手动变速器一样,也采用换档拨叉,一个换档拨叉可控制两个档位。但 DSG 的换档拨叉采用液压方式控制。

02E 变速器有四个同步器和换档拨叉。如图 18-8 所示,换档拨叉均采用滚子轴承在两个钢套中导向。钢套压入到变速器壳体内,兼作活塞的液压缸筒。换档拨叉在活塞作用下可往复运动。双离合变速器油经过变速器壳体上的孔流至液压缸内。

换档时,来自机械电子装置的双离合变速器油导流到液压缸的左侧。由于液压缸右侧无压力,换档拨叉开始移动,从而带动滑套移动,完成挂档。档位挂入后,换档拨叉切换到无压力状态。档位通过换档齿轮的倒角和换档拨叉上的锁止机构来保持。如果未操纵换档拨叉,则换档拨叉通过一个安装在变速器内部的锁止机构保持在空档位置。

每个换档拨叉都配有一个行程传感器,该传感器用于感知换档拨叉的准确位置和行程。行程传感器与换档拨叉上的永久磁铁一起产生一个信号,变速器控制单元根据该信号可识别出各换档拨叉的位置。

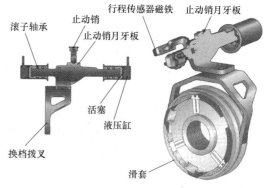

图 18-8 液压换档拨叉

六、DSG 的换档原理

02E 变速器处于 1 档时的工作原理如图 18-9 所示。车辆起步时，变速器自动挂入 1 档。这时，离合器 1 接合，动力传递路径为：输入轴 1→1 档传动齿轮→1 档齿轮同步器→输出轴→输出轴驱动齿轮→差速器。同时，2 档齿轮同步器啮合，2 档进入准备工作状态。

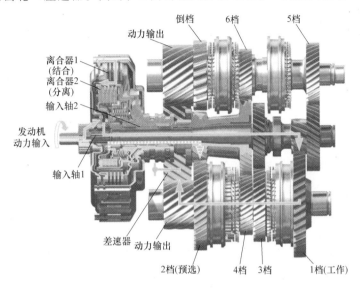

图 18-9　02E 变速器 1 档时的工作原理

若从 1 档升入 2 档，则只需切换两个离合器的工作状态，即使离合器 1 逐渐分离的同时，使离合器 2 逐渐接合。挂入 2 档后，3 档进入准备工作状态。

七、机械电子装置

如图 18-10 所示，机械电子装置装在双离合变速器内并浸在双离合变速器油中，它由一个电子控制单元和一个电动液压控制单元构成。机械电子装置是双离合变速器的中央控制单

图 18-10　机械电子装置

元，所有传感器信号和其他控制单元的信号都汇集于此。

机械电子装置中有12个传感器，其中2个布置在机械电子装置本体外。机械电子装置以液压方式通过6个压力调节阀和5个换档阀来控制和调节8个档位调节器，同时还控制2个离合器中的双离合变速器油压力和流量。

控制单元会学习（匹配）离合器的位置、挂档时档位调节器的位置及主油路压力。

电动液压控制单元如图18-11所示，它包含了双离合变速器的所有电磁阀、压力调节阀及液压滑阀和多路转换器。另外，其液压模块内还有一个限压阀，它可避免液压滑阀损坏。

控制单元J743是DSG的控制中心。J743接收、处理并发送变速器及其外围系统工作方面的所有信息。J743会生成用于变速器内、外执行元件的输出信号，它与外围设备的通信主要通过CAN总线实现。

如图18-12所示，控制单元J743中集成有多个传感器。

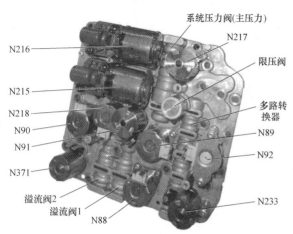 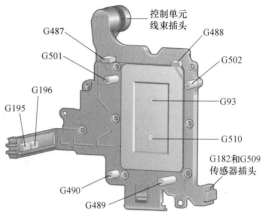

图18-11　电动液压控制单元　　　　　图18-12　控制单元J743

N88—电磁阀1（档位调节阀）　N89—电磁阀2（档位调节阀）　N90—电磁阀3（档位调节阀）　N91—电磁阀4（档位调节阀）　N92—电磁阀5（多路转换器）　N215—压力调节阀1（用于离合器K1）　N216—压力调节阀2（用于离合器K2）　N217—压力调节阀3（主压力阀）　N218—压力调节阀4（双离合器变速器油阀）　N233—压力调节阀5（溢流阀1）　N371—压力调节阀6（溢流阀2）

  你学会了吗？

1. DSG由哪些部件组成？其基本工作原理是怎样的？
2. 多片式离合器的结构是怎样的？它是如何工作的？
3. DSG的输入轴和换档拨叉各有什么特点？
4. DSG的换档原理是怎样的？
5. DSG的机械电子装置包括哪些部件？分别起什么作用？

第19天 湿式双离合器的更换

▲学习目标

1. 了解湿式双离合器的组成。
2. 掌握湿式双离合器的更换方法。

▲基础知识

大众02E变速器的湿式双离合器结构如图19-1所示。拆卸和安装离合器时,必须将变速器牢靠地垂直固定在装配台上。装配多片式离合器时要特别小心,确保所有部件都达到动平衡,否则会导致变速器严重抖动,并影响其使用寿命。

离合器盖板用卡环固定在变速器壳体上,其作用是将变速器与外界隔离。拆下卡环后,从机体中撬出离合器盖板。注意,重新安装后的离合器盖板状态应与拆卸前一致。

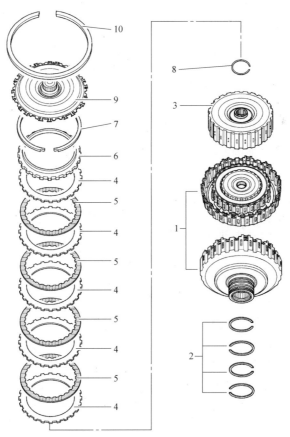

图19-1 湿式双离合器的结构

1—多片式离合器的壳体 2—密封圈(4个) 3—大摩擦片支架 4—外板(5个) 5—内摩擦片(4个) 6—卡环垫圈 7、8、10—卡环 9—离合器盖板

实际操作

一、离合器端盖的拆卸

02E 变速器的离合器端盖与双离合器如图 19-2 所示。

1）拆下变速器。
2）将变速器固定在装配架上。
3）拧出放油螺塞,如图 19-3 所示。
4）拧出溢流管。

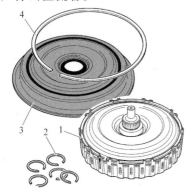

图 19-2 离合器端盖与离合器

1—多片式离合器 2、4—卡环 3—离合器端盖

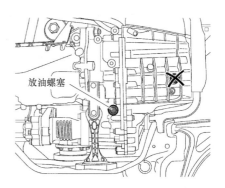

图 19-3 拧出放油螺塞

 提示:

放油螺塞孔内有一根塑料溢流管（用 8mm 内六角扳手拆卸和安装）。它的长度决定了变速器中双离合变速器油的油位。

5）排放双离合变速器油。
6）装入溢流管并拧紧。
7）装入带新密封圈的放油螺塞并拧紧。
8）如有必要,拆下双离合变速器油滤清器。
9）用螺钉旋具撬下端盖上的卡环,如图 19-4 所示。
10）用一字螺钉旋具顶住离合器端盖,并沿箭头方向将其撬出,如图 19-5 所示。

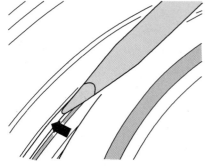

图 19-4 撬下盖板上的卡环

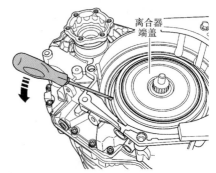

图 19-5 撬出离合器端盖

二、离合器端盖的安装

离合器端盖有 2 种类型：不带衬套的离合器端盖和带衬套的离合器端盖，分别如图 19-6 和图 19-7 所示。

带衬套的离合器端盖直接安装即可，但端盖的内侧不允许有粘贴纸。若有粘贴纸，则应小心地将其剥下。

不带衬套的离合器端盖的安装方法如下：

1）按图 19-8 所示方法拿起离合器端盖。

图 19-6 不带衬套的离合器端盖

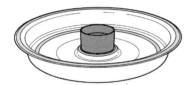

图 19-7 带衬套的离合器端盖

图 19-8 拿起离合器端盖

提示：

禁止使用锤子安装新端盖，也不允许在中心密封圈上涂抹双离合变速器油或用手触摸，否则会导致端盖漏油。

2）将装配导套 T10302 放置在平面上。

提示：

新离合器端盖的中心密封圈不允许发生变形。

3）水平且均匀地将离合器端盖沿箭头方向套在整个装配导套 T10302 上，如图 19-9 所示。

4）向上将装配导套 T10302 从离合器端盖上取下，再将装配导套 T10302 安装在离合器轴的末端。

5）水平地将离合器端盖套在装配导套 T10302 上，并均匀地按入座圈中，如图 19-10 所示。

图 19-9 将端盖套入装配导套

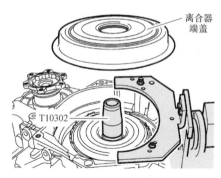

图 19-10 安装端盖

6）用螺钉旋具小心地将离合器端盖压入座圈中（箭头），直至能安装新卡环，如图 19-11 所示。

7）安装新卡环。

8）取下装配导套 T10302。

三、离合器的拆卸

1）如图 19-12 所示，将变速器固定在装配架上。

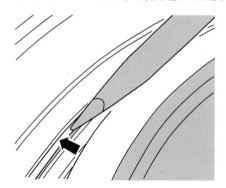

图 19-11 将离合器端盖压入座圈中

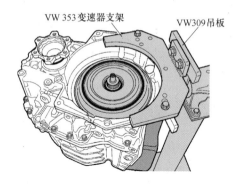

图 19-12 固定变速器

2）拆下离合器端盖。

3）拆下离合器盖板上的卡环（箭头），如图 19-13 所示。

4）拆下离合器盖板。

5）拆下卡环（箭头），如图 19-14 所示。

6）小心取出离合器，如图 19-15 所示。

7）取出双离合变速器油泵轴，如图 19-16 所示。

 提示：

安装新离合器后才可以安装双离合变速器油泵轴。

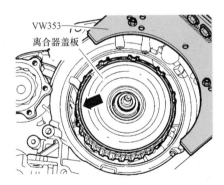
图 19-13　拆下离合器盖板上的卡环

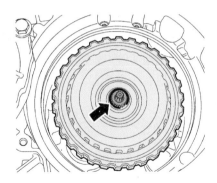
图 19-14　拆下卡环

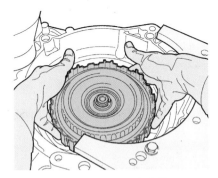
图 19-15　取出离合器

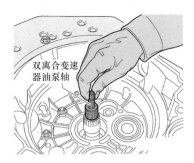
图 19-16　取出双离合变速器油泵轴

四、离合器的安装和调整

1）先盖上离合器盖板，然后将离合器从包装中取出。这样可防止离合器盖板和其下的摩擦片支架从离合器中滑出。

2）缓慢地旋转密封圈，其应能自如转动，不会卡住。注意 4 个密封圈的正确安装位置（必须相互交错），如图 19-17 所示。

3）拆下离合器盖板前应检查离合器上是否有标记（箭头 A），如图 19-18 所示。

图 19-17　正确安装密封圈

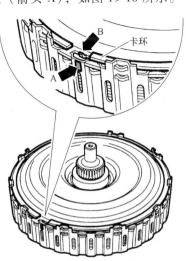
图 19-18　检查离合器标记

4）如果没有标记，则做一个彩色标记。在后续安装过程中，离合器盖板的凸缘（箭头 B）必须放置在此标记（箭头 A）处，如图 19-18 所示。

5）将定位销 T10303 安装到变速器壳体的座圈（箭头）上，如图 19-19 所示。

6）小心地装入离合器，不要让它掉落在变速器中，如图 19-20 所示。

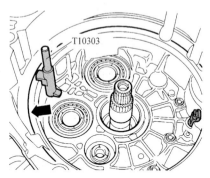

图 19-19　安装定位销

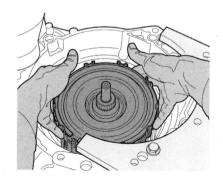

图 19-20　装入离合器

7）在装入离合器的过程中，应由另一名维修人员固定定位销 T10303，如图 19-21 所示。

提示：

安装好离合器盖板前不要取出定位销 T10303。

8）取下离合器盖板的固定卡环。

9）小心地沿箭头方向拆下离合器盖板，将其放置一旁，如图 19-22 所示。

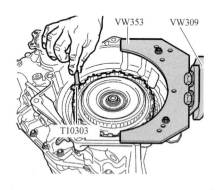

图 19-21　固定定位销

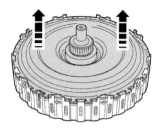

图 19-22　拆下离合器盖板

10）从成套卡环中挑选出厚 2mm 的卡环（箭头）并暂时将其装到离合器盖板上，如图 19-23 所示。

11）拆下 2mm 厚的卡环前，必须进行两次测量。

第一次测量：

① 将千分表支架 VW 387 安装到变速器法兰上，如图 19-24 所示。

② 将千分表的测头放置在变速器的输入轴上。

③ 调整千分表至 1mm 预压紧量并置于零位。

④ 提升离合器至极限位置并记录测量结果。

第二次测量：

① 将千分表的测头放置在离合器大摩擦片支架的毂盘上，如图 19-25 所示。

② 调整千分表至 1mm 预压紧量并置于零位。

③ 提升离合器至极限位置并记录测量结果。

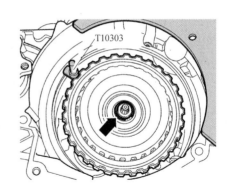

图 19-23 暂时安装卡环

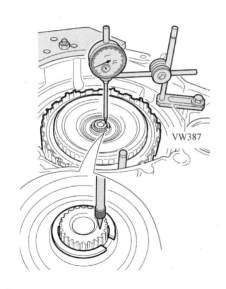

图 19-24 第一次测量

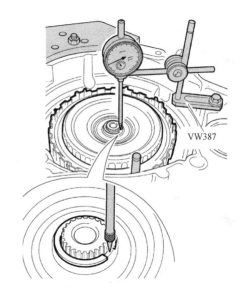

图 19-25 第二次测量

12) 使用下面的公式计算要安装的卡环厚度：

$$第二次测量值 - 第一次测量值 + 1.85 = 待安装卡环厚度(mm)$$

13) 除 2mm 卡环外的其余 9 个卡环的厚度以 0.1mm 为单位递增。选择最接近计算值的卡环。

14) 拆下 2mm 厚的卡环并装入计算后选择的新卡环。

15) 装入双离合变速器油泵轴，同时沿箭头方向稍微旋转，如图 19-26 所示。

16) 安装离合器盖板，同时将凸缘（箭头 B）与标识（箭头 A）对齐，如图 19-18 所示。

17) 将新卡环装入离合器。

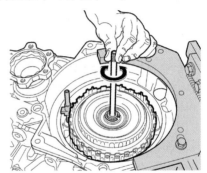

图 19-26 装入双离合变速器油泵轴

18）拆下定位销 T10303。

你学会了吗？

1. 怎样拆卸和安装湿式双离合器的盖板（端盖）？
2. 湿式双离合器的拆卸步骤是怎样的？
3. 怎样安装及调整湿式双离合器？

第20天　干式双离合器的更换

学习目标

1. 了解0AM变速器干式双离合器的结构。
2. 掌握0AM变速器干式双离合器的更换方法。

基础知识

大众0AM变速器的干式双离合器结构如图20-1所示。支撑环与主动轮连接在一起，支撑环将转矩传递给双离合器内的主动轮，主动轮以浮动方式安装在输入轴2上。

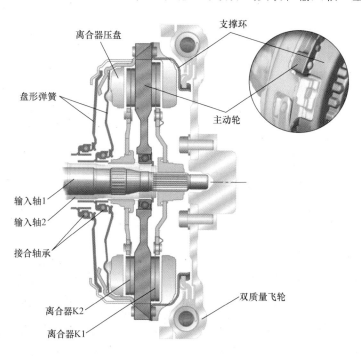

图20-1　0AM变速器双离合器的结构

两个独立的干式离合器分别将转矩传递给一个子变速器。离合器可以处于两个位置：

① 发动机停机和怠速运转时，两个离合器分离。
② 车辆行驶时，两个离合器中只有一个接合。

实际操作

一、双离合器的拆卸

1）拔下两个排气罩（图 20-2 中箭头），并选用发动机密封塞套件中的合适密封塞堵住排气孔，防止漏油。

2）如图 20-3 所示，调整支架上的变速器，使双离合器方向朝上。

图 20-2　拔下两个排气罩

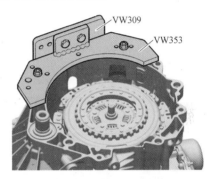

图 20-3　调整变速器位置

3）拆下齿毂的卡环，如图 20-4 中箭头所示。
4）用钩子 3438 和螺钉旋具取出齿毂，如图 20-5 所示。
5）如图 20-6 所示，安装支承装置 T10323，使其与变速器法兰平行。

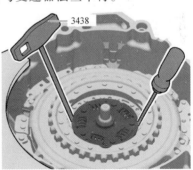

图 20-5　取出齿毂

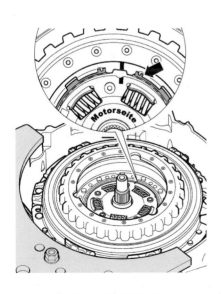

图 20-4　拆下齿毂卡环

图 20-6　安装工具

6）用装配工具 T10356/5 补偿间距。

7）用力拧紧螺栓。

8）朝着推力块 T10376 方向转动螺杆。

9）拆下离合器卡环，如图 20-7 中箭头所示。

提示：

① 如果无法拆下卡环，则说明离合器夹住了卡环。

② 只有在无法将卡环从槽中取出时，才需要稍用力向下压离合器，但不能用锤子敲击离合器或轴。

10）如图 20-8 所示，将顶拔器 T10373 的螺杆沿逆时针方向拧到最后位置，并将顶拔器放到离合器中，顺时针旋转，将其安装到双离合器上。

图 20-7　拆下离合器卡环

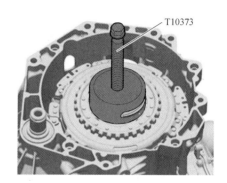

图 20-8　安装顶拔器

11）顺时针旋转顶拔器的螺杆，拔出双离合器。

12）将离合器和顶拔器 T10373 一同取出，如图 20-9 所示。

13）取出小接合轴承和大接合杆，如图 20-10 所示。

图 20-9　取出离合器和顶拔器

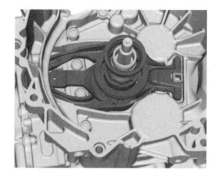

图 20-10　取出大接合杆

提示：

不能单独拆卸和安装导向套上部件，必须与导向套下部件及小接合杆一同拆卸和安装。

14）拧出螺栓，并取出小接合杆和导向套上部件及下部件，如图20-11所示。

二、离合器分离装置的维修

1. 大接合杆和离合器K1接合轴承的分解和组装

1）分解。如图20-12所示，沿箭头A方向向上拉离合器K1接合轴承，并同时沿箭头B方向将离合器K1接合轴承从大接合杆的定位槽中拉出。

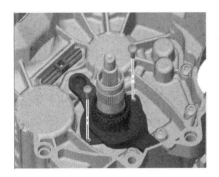

图20-11 取出小接合杆和导向套上、下部件

图20-12 拉出K1接合轴承

2）组装。如图20-13所示，沿箭头方向向下压离合器K1接合轴承，直至听到离合器K1接合轴承卡入大接合杆固定槽的声音。

2. 小接合杆、导向套及导向套支架的拆卸

1）拧出图20-14中箭头所示的螺栓。

2）将小接合杆、导向套和支架一起拉出。

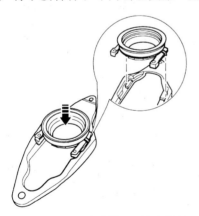

图20-13 压入离合器K1接合轴承

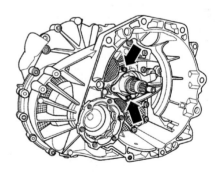

图20-14 拆卸小接合杆和导向套

3. 小接合杆、导向套及导向套支架的分离

1）将导向套的凸耳（图20-15中箭头）相对小接合杆旋转90°。

2）将导向套和导向套支架一起从小接合杆中拉出。

三、双离合器的安装

1）拆卸接合杆上方的盖板（图20-16），以便在安装过程中观察接合杆的位置。

图20-15 分离导向套

2）插入接合杆的塑料固定架，如图20-17所示。

图20-16　拆卸盖板

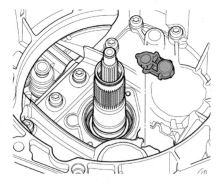

图20-17　插入接合杆的塑料固定架

3）安装小接合杆及其导向套，导向套支架和限位架，如图20-18所示。
4）确认接合杆的位置。
5）用2个新螺栓紧固导向套支架。
注意，接合杆的固定架和接合轴承必须保持干燥，不允许沾染变速器油或润滑脂。
6）若需要，可用干净抹布先进行清洁。
7）安装大接合杆，如图20-19所示。

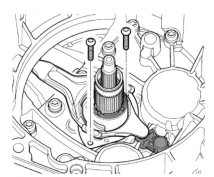

图20-18　安装小接合杆及导向套

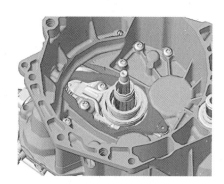

图20-19　安装大接合杆

提示：

大接合杆用于离合器K1，应与离合器K1大接合轴承一起安装。

8）检查两个接合杆的安装位置是否正确。

注意：

继续安装前，如果进行过以下操作，则必须先调整离合器K1和离合器K2接合轴承的位置。

① 更换了双离合器变速器机械电子单元J743。

② 更换了接合杆。
③ 更换了接合轴承。
④ 更换了接合杆固定架。

只有当接合轴承调整好后，才能继续安装双离合器。

9）安装小接合轴承的调整垫片及小接合轴承，如图 20-20 所示。

调整垫片要安装在小接合轴承下面，因此首先装入调整垫片。如图 20-21 所示，由于离合器 K2 接合轴承上有 4 个凹槽，离合器 K2 接合轴承只能安装在一个位置上。

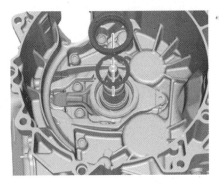

图 20-20 安装小接合轴承

图 20-21 离合器 K2 接合轴承

10）如图 20-22 所示，通过旋转接合轴承，检查接合轴承的安装是否正确，以及凹槽的安装位置是否正确。

11）安装大接合轴承的调整垫片，如图 20-23 所示。

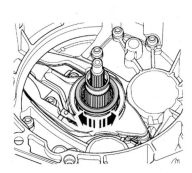

图 20-22 旋转接合轴承

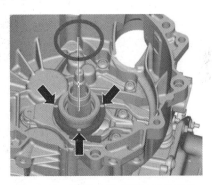

图 20-23 安装大接合轴承调整垫片

提示：

安装前在箭头位置滴 3 滴粘合剂固定调整垫片，防止其滑移。

12）将顶拔器 T10373 的丝杠逆时针旋转到最后位置。

13）将顶拔器插入到双离合器中，顺时针转动，直到顶拔器将双离合器抓紧，如图 20-24 所示。

14）将离合器插入到变速器轴上。

15）将支撑工装 T10323 和安装工具 T10368 安装到变速器上，如图 20-25 所示。

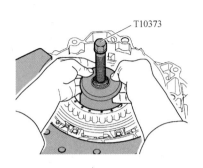

图 20-24　装入离合器

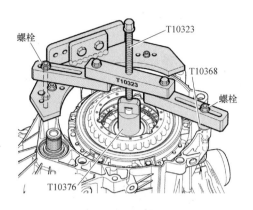

图 20-25　压装离合器到正确位置

16）将压具 T10376 放置在离合器上，通过旋转支撑工装 T10323 上的螺杆，将离合器压至安装位置。

> **提示：**
> 压紧时一只手放在离合器上，感觉到轻微振动时，意味着离合器正被压到压紧位置上。

17）观察卡环的接口，如图 20-26 所示。该卡环的上方较紧，这就是其安装位置。如果可以安装卡环，则说明离合器已压至极限位置。如果无法安装卡环，则需再次压入离合器，使其达到极限位置。

18）安装离合器的固定卡环，如图 20-27 中箭头所示。

19）握住顶拔器 T10373 的螺栓，并用手旋转离合器，使其处于运行位置，如图 20-28 中箭头所示。

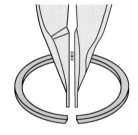

图 20-26　卡环的安装位置

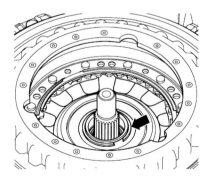

图 20-27　安装离合器固定卡环

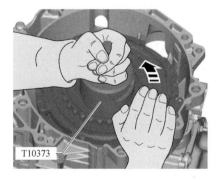

图 20-28　检查离合器运行位置

20）插入齿毂，如图 20-29 所示。齿毂有一个大轮齿，因此只能在一个位置安装。

 **注意：**

大轮齿上有一个标记（箭头），安装时使此标记面对发动机侧，不能装反。

21）安装齿毂时，必须使大轮齿上的标记和从动盘上的标记对齐，如图 20-30 中箭头所示。

图 20-29　齿毂安装标记

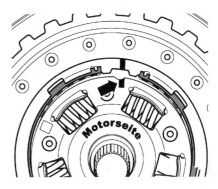

图 20-30　对齐齿毂和从动盘

22）插入齿毂的卡环，如图 20-31 中箭头所示。

 **注意：**

卡环的开口必须指向离合器凸缘，以便维修时拆卸卡环。

23）左右旋转离合器，如图 20-32 所示。旋转离合器时，小接合杆必须保持完全静止，不允许上下移动。

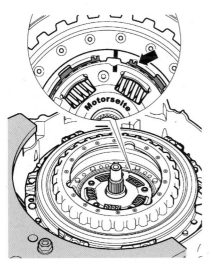

图 20-31　插入齿毂卡环

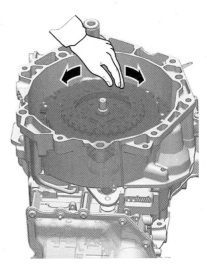

图 20-32　旋转离合器

提示:

如果小接合杆上下移动,则表明离合器 K2 接合轴承的调整垫片位置不正确。此时必须拆下离合器,重新对离合器 K2 接合轴承进行调整。

24) 安装变速器后,取下排气孔上的密封塞,安装排气罩和排气软管。
25) 用故障诊断仪检查变速器的状况。

你学会了吗?

1. 0AM 变速器的双离合器主要由哪些部件组成?
2. 怎样拆卸 0AM 变速器的双离合器?
3. 怎样确定 0AM 变速器的双离合器已经安装到位?

第 21 天　双离合变速器机电装置的拆卸和安装

学习目标

1. 学会拆卸双离合变速器机电装置 J743。
2. 学会安装双离合变速器机电装置 J743。

实际操作

一、机电装置 J743 的拆卸

大众 02E 双离合变速器的机电装置 J743 的拆卸方法如下。

注意:

① 脏物进入打开的机电装置 J743 或双离合变速器油泵中会导致变速器故障。
② 变速器温度很高时,机电装置 J743 会卡在定位销上,因此拆卸前应冷却变速器。

1) 将变速杆置于"P"位。
2) 关闭点火开关后,断开蓄电池负极电缆。
3) 拆下发动机底护板。
4) 在变速器下方放置集油盘。
5) 拆下增压空气冷却器和增压空气管路之间的连接软管。
6) 拧出螺钉(箭头),断开插头,如图 21-1 所示。
7) 向下取出风扇护罩。
8) 拆卸冷却液下水管。

9）拆下左侧轮罩外壳，如图 21-2 所示。

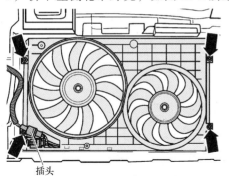

图 21-1 取出风扇护罩

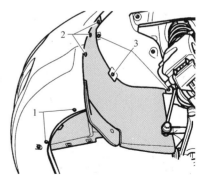

图 21-2 拆下左侧轮罩外壳

1~3—螺钉

10）拧出放油螺塞，如图 21-3 所示。放油螺塞孔内有一根塑料溢流管（用 8mm 内六角扳手拆卸），它的长度决定了双离合变速器油的油位。

11）拆下溢流管。

12）排放双离合变速器油。

13）拧入溢流管。

14）若有必要，则更换双离合变速器油滤清器。

15）拆卸变速器油底壳。

16）拧出螺栓（箭头），取下双离合变速器油泵盖板，如图 21-4 所示。

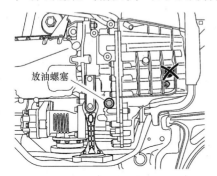

图 21-3 拧出放油螺塞

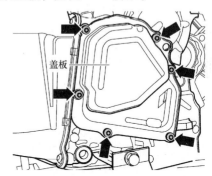

图 21-4 取下双离合变速器油泵盖板

提示：

每次拆卸操作后必须更换盖板的紧固螺栓，同时必须更换密封圈。

17）先拧出螺栓 A（箭头），再拧出螺栓 B（箭头），如图 21-5 所示。

18）取下摆动支承。

提示：

拆下摆动支承后，可将变速器稍向副梁侧推动，以便有足够的空间来拆卸机电装置 J743。在触摸 J743 前应先触摸一下接地物体，不要直接触碰插头触点。

19）用小号螺钉旋具沿虚箭头方向小心地按住变速器输入转速传感器 G182/离合器温度传感器 G509 的插头锁止装置，再用大号螺钉旋具脱开传感器插头，如图 21-6 所示。

图 21-5　拆下摆动支承
A、B—螺栓

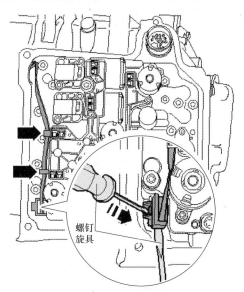

图 21-6　脱开传感器插头

20）松开固定传感器电线的卡子（实箭头），脱开电线。

21）按图 21-7 所示的顺序松开并拧出螺栓 1~10。

22）小心地将机电装置 J743 从变速器壳体中拉出。同时将其背后的传感器臂从变速器壳体中完全拉出，如图 21-8 所示。

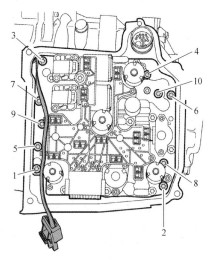

图 21-7　拧出机电装置紧固螺栓
1~10—螺栓

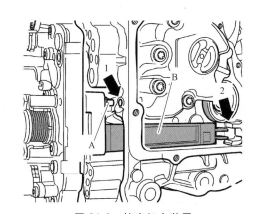

图 21-8　拉出机电装置
A—定位销　B—传感器臂　1—变速器壳体　2—导向装置

23）小心地取出机电装置 J743，如图 21-9 所示。

24）将机电装置 J743 妥善地放置在一边，如图 21-10 所示。

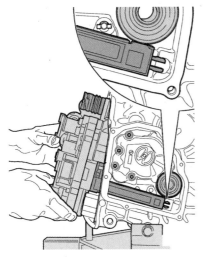
图 21-9 取出机电装置

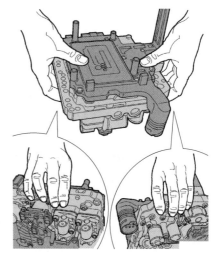
图 21-10 放置机电装置

> **注意:**
> 如果传感器臂损坏,则必须更换机电装置 J743。

二、机电装置 J743 的安装

1)安装机电装置 J743 前,应确保变速器输入转速传感器 G182/离合器温度传感器 G509 已安装,如图 21-11 所示。

2)如果传感器臂损坏(图 21-12 中箭头),则必须更换机电装置 J743。

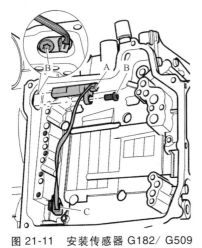
图 21-11 安装传感器 G182/G509
A—传感器 G182/G509 B—螺栓 C—插头

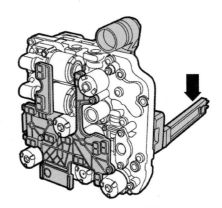
图 21-12 传感器臂

3)小心地将机电装置 J743 装入变速器壳体中。传感器臂不要触碰传感器轮。

4)定位销必须嵌入变速器壳体(箭头 1),传感器臂必须嵌入导向装置(箭头 2),如

图 21-13 所示。

5) 按图 21-14 所示的顺序用手拧入螺栓 1~10。

6) 按图 21-14 所示的顺序拧紧螺栓 1~10，拧紧力矩：5N·m+90°。

7) 将电线先卡入上部卡子（箭头）中，然后再卡入下部卡子中。

8) 插上插头并锁紧。

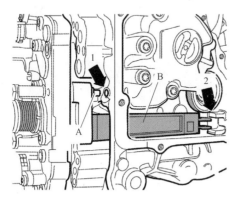

图 21-13 安装传感器臂和定位销
A—定位销　B—传感器臂

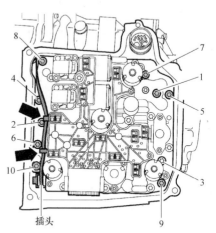

图 21-14 拧紧机电装置紧固螺栓
1~10—螺栓

注意：

如果再次安装原来的机电装置 J743，则必须更换两个 O 形圈，如图 21-15 所示。

9) 用双离合器油浸润两个 O 形圈。

10) 清洁密封面并去除残留的双离合变速器油。

11) 确保油底壳密封垫的正确定位。

12) 装上油底壳（图 21-16），注意不要夹住任何电线。

13) 拧入新螺栓，并以对角方式分几次拧紧螺栓（拧紧力矩为 10N·m）。

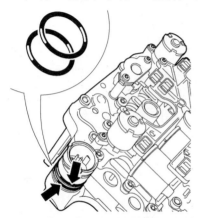

图 21-15 安装 O 形圈

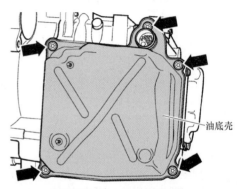

图 21-16 安装油底壳

14）安装机电装置的插头，如图 21-17 所示。

15）机电装置、插头和凸缘上的箭头标记必须位于同一直线上且都朝上。

16）小心安装插头并推至锁止位置，同时沿箭头方向右旋锁止装置并锁紧，如图 21-17 所示。

17）将电线支架安装在油底壳上并拧紧螺母。

18）安装增压空气冷却器和增压空气管路之间的连接软管。

19）安装风扇护罩。

20）如图 21-18 所示，安装摆动支承时，先拧紧螺栓 B，拧紧力矩为 50N·m+90°。然后拧紧螺栓 A，拧紧力矩为 100N·m+90°。

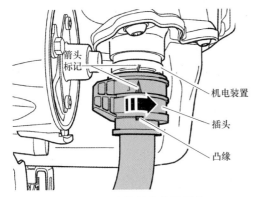

图 21-17　安装机电装置插头

图 21-18　安装摆动支承

A、B—螺栓

21）连接蓄电池负极电缆。

22）在发动机熄火的情况下，加注双离合变速器油。

23）安装发动机底护板。

24）执行机电装置 J743 的基础调整项目。

 你学会了吗？

1. 应先拆下哪些部件才能拆下机电装置 J743？
2. 机电装置 J743 的拆卸和安装注意事项有哪些？
3. 怎样安装机电装置 J743 的线束插头？

第 22 天　双离合变速器油、滤清器和双离合变速器油泵的更换

 学习目标

1. 掌握大众 02E 变速器双离合变速器油和双离合变速器油滤清器的更换方法。
2. 掌握大众 02E 变速器双离合变速器油泵的拆卸和安装方法。

实际操作

一、双离合变速器油和双离合变速器油滤清器的更换

更换 02E 变速器的双离合变速器油前,用诊断仪读取双离合变速器油的温度。如果油温高于 50℃,则先冷却变速器。在发动机停止工作的状态下,拧出溢流管并排出双离合变速器油,然后重新安装溢流管并加注双离合变速器油。

起动发动机并运转一会儿后再熄火,拧出放油螺塞,排放多余的双离合变速器油,直至双离合变速器油油位与溢流管端部平齐。

更换双离合变速器油滤清器前,必须拆下空气滤清器壳体及蓄电池支架。

1) 变速杆置于"P"位。
2) 连接车辆自诊断、测量和信息系统,检查双离合变速器油温度。如果油温高于 50℃,则冷却变速器。
3) 关闭发动机。
4) 将集油盘放在变速器下方。
5) 拧松双离合变速器油滤清器外壳 7 圈,如图 22-1 中箭头所示。
6) 等待 10s,双离合变速器油会从双离合变速器油滤清器中流回变速器。
7) 拆下双离合变速器油滤清器外壳。
8) 取出双离合变速器油滤清器。
9) 以凸肩向下的方式装入新双离合变速器油滤清器,如图 22-2 中箭头所示。拧紧双离合变速器油滤清器外壳,擦干流到变速器壳体上的双离合变速器油。

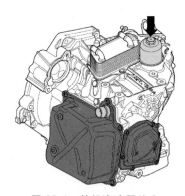

图 22-1 拧松滤清器外壳

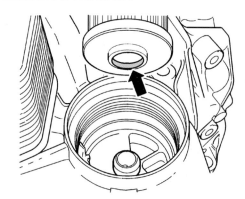

图 22-2 装入新双离合变速器油滤清器

10) 举升车辆。
11) 拆下发动机底护板。
12) 在变速器的下方放置集油盘和抽吸装置。
13) 拧出摆动支架旁边的放油螺塞,如图 22-3 中箭头所示。放油螺塞孔内有一根塑料溢流管(用 8mm 内六角扳手拆卸)。它的长度决定了双离合变速器油的油位。
14) 拆下溢流管。
15) 排放双离合变速器油。

16）拧入溢流管，拧紧力矩为3N·m。

17）用手将加油工具中的适配接头拧入检查孔中，如图22-4所示。

18）加入5.2L双离合变速器油。打开储油罐之前先摇晃。要更换双离合变速器油罐，应关闭旋塞或将加油工具置于变速器上方。

19）继续连接车辆自诊断、测量和信息系统，直至显示出双离合变速器油温度。

20）起动发动机。

21）踩下制动踏板，并将变速杆依次切换至每一个档位并停留约3s。最后将变速杆置于"P"位。

22）不要关闭发动机，在双离合变速器油温度为35~45℃之间时：

① 分离加油工具的适配接头。

② 让多余的双离合变速器油流出。

③ 当多余的双离合变速器油流尽时（即双离合变速器油开始滴落），拧出加油工具并拧入带新密封圈的放油螺塞，拧紧力矩为45N·m。

23）关闭发动机。

24）安装发动机底护板。

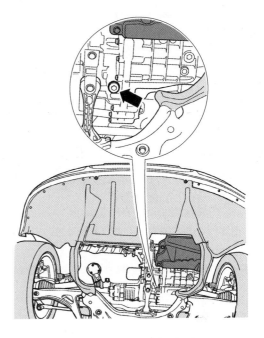

图22-3 拧出放油螺塞

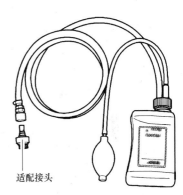

图22-4 加油工具

二、双离合变速器油泵的拆卸

在不拆下变速器的情况下，更换双离合变速器油泵。

1）拆下发动机底护板。

2）拆下左侧轮罩外壳。

3）将集油盘放在变速器下方。

4）拧出摆动支承旁的放油螺塞，如图22-5所示。

5）拧出溢流管。

6）排放双离合变速器油。

7）拧入溢流管，拧紧力矩为3N·m。

8）更换放油螺塞密封圈。

9）拧出螺栓（箭头），拆下双离合变速器油泵盖板，如图22-6所示。

10）用加长12角套筒扳手和扭力扳手拧出沉头螺栓（箭头），如图22-7所示。

11）拧出双离合变速器油泵的其余3个平头螺栓。

12）取出双离合变速器油泵。

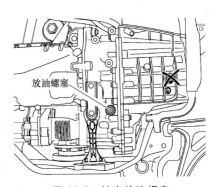

图22-5 拧出放油螺塞

13）取出双离合变速器油泵轴。

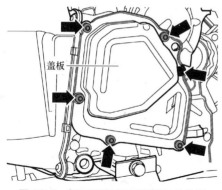

图 22-6 拆下双离合变速器油泵盖板

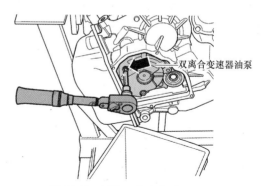

图 22-7 拆下双离合变速器油泵

三、双离合变速器油泵的安装

1）将双离合变速器油泵轴推入变速器中，直至止动位置。同时，稍微旋转双离合变速器油泵轴，如图 22-8 所示。

2）更换新金属密封件。

3）2个定位销必须位于变速器壳体中。

4）安装双离合变速器油泵时，应注意油泵轴花键的位置和定位销是否安装正确。

5）拧紧双离合变速器油泵的紧固螺栓。如图 22-9 所示，紧固螺栓包括3个平头螺栓和1个沉头螺栓（箭头）。

6）如图 22-10 所示，装入新双离合变速器油泵盖板，并以对角顺序分几次拧紧新螺栓（箭头），拧紧力矩为8N·m。

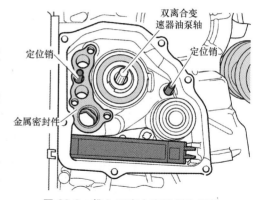

图 22-8 推入双离合变速器油泵轴

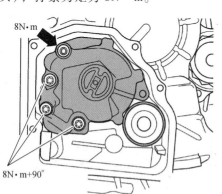

图 22-9 拧紧双离合变速器油泵紧固螺栓

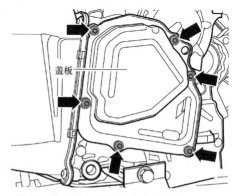

图 22-10 装入新双离合变速器油泵盖板

7）更换双离合变速器油和双离合变速器油滤清器。

8）安装左侧轮罩外壳。

9）安装发动机底护板。

你学会了吗?

1. 怎样更换 02E 变速器的双离合变速器油和双离合变速器油滤清器?
2. 怎样拆卸和安装 02E 变速器的双离合变速器油泵?

第五章

无级变速器(CVT)

第 23 天　无级变速器的结构与工作原理

  学习目标

1. 了解无级变速器的基本工作原理和结构特点。
2. 了解奔驰无级变速器（带变矩器）的结构与工作原理。
3. 了解奥迪 01J 无级变速器（带飞轮减振装置）的结构与工作原理。
4. 掌握无级变速器带轮的液压控制原理。

  基础知识

一、CVT 变速器的基本结构与工作原理

无级变速器的英文全称为 Continuously Variable Transmission，简称 CVT。它采用传动带和工作直径可变的主、从动带轮相配合来传递动力，可实现传动比的连续改变，使发动机在高燃烧效率的转速范围内运行，从而实现传动系与发动机工况的最佳匹配，改善了汽车的燃油经济性和换档平顺性。

如图 23-1 所示，CVT 的变速机构由槽宽可在轴方向自由变化的一对带轮，与不间断连接并用多层钢环引导的钢带构成。通过调整钢带与带轮的卷绕半径，从减速增矩状态到超速状态进行连续无级的变化，带轮槽的宽度由初级带轮（主动带轮）与次级带轮（从动带轮）的液压来控制。

初级带轮、次级带轮都由倾斜面为 11°左右的固定带轮与可移动式带轮构成。在可移动式带轮的背面设有液压缸（初级或次级液压缸），可移动式带轮通过球笼式花键在轴上滑动，起到改变带轮槽宽的作用。

CVT 控制单元以发动机负荷（节气门开度）、初级带轮转速和次级带轮转速（车速）作为输入信号来控制初级带轮和次级带轮的液压缸工作压力，进而控制带轮槽宽，改变传动比。

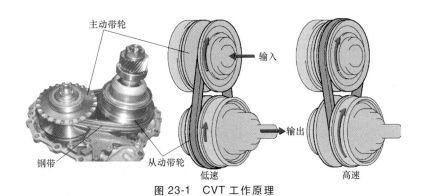

图 23-1 CVT 工作原理

二、奔驰 CVT 的结构与工作原理

奔驰 722.8 型 CVT 的结构与动力传递路径如图 23-2 所示。发动机转矩从液力变矩器 3 传递到 CVT。钢质推力带 5 将来自主动滑轮组件 9 的转矩传递到从动滑轮组件 6。然后，转矩通过带多片式离合器的单行星齿轮机构传递到内部轴。最后，通过齿轮中间轴，转矩传递到差速器 4。差速器 4 将转矩均匀地分配给两侧半轴。

722.8 型 CVT 的倒档组件如图 23-3 所示，前进档和倒档间的切换通过多片式离合器（KV）和多片式制动器（BR）的动作来完成。

1. 前进档

车辆前进时，多片式离合器（KV）接合。转矩通过内盘托架和太阳轮传递到外盘托架。按顺序，外盘托架固定在齿圈上，齿圈与输出轴相连。

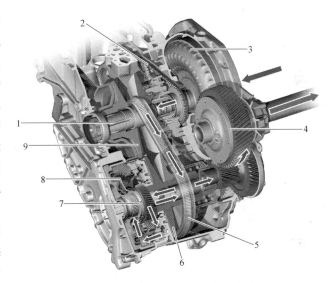

图 23-2 奔驰 CVT 变速器动力传递图
1—输入/主动轴　2—变速器油泵驱动器　3—液力变矩器
4—差速器　5—推力带　6—从动滑轮组件
7—输出/从动轴　8—倒档组件　9—主动滑轮组件

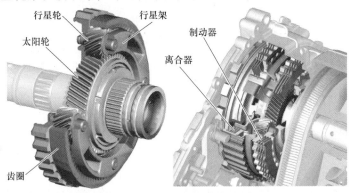

图 23-3 倒档组件

2. 倒档

倒车时,多片式制动器(BR)啮合。发动机转矩通过太阳轮和行星轮传递到齿圈。齿圈与外盘托架相连,改变了齿轮组件的旋转方向。

3. 传动比的无级调节

如图 23-4 所示,传动比的无级调节靠主动滑轮组件和从动滑轮组件来实现。来自主动滑轮组件和从动滑轮组件的转矩通过绕裹滑轮的推力带传递。主动滑轮组件和从动滑轮组件均有一个固定滑轮和一个可移动滑轮,作用在可移动滑轮上的液压力推动滑轮沿轴向移动,使推力带的接触压力持续改变,从而对传动比进行无级调节。

传动比被主压力改变,接触压力被辅助压力改变。压力作用到从动滑轮组件的移动滑轮 4 上,推力带被压低,从而传递转矩。

当压力作用在主动滑轮组件的移动滑轮 6 上时,移动滑轮 6 向固定滑轮 9 移动,使主动滑轮组件的推力带运转半径增大。

同时,压力作用在从动滑轮组件上,使移动滑轮 4 远离固定滑轮 5,从而使推力带的运转半径缩小。这一换档顺序适用于两个方向。

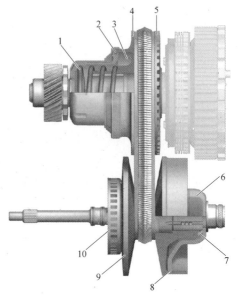

图 23-4 CVT 的滑轮组件

1—弹簧(从动滑轮组件) 2—带密封衬片的活塞(从动滑轮组件) 3—液压缸(从动滑轮组件) 4—移动滑轮(从动滑轮组件) 5—带齿轮的固定滑轮(从动滑轮组件) 6—移动滑轮(主动滑轮组件) 7—液压缸(主动滑轮组件) 8—带密封环的活塞(主动滑轮组件) 9—固定滑轮(主动滑轮组件) 10—转速信号环(主动滑轮组件)

三、奥迪 01J 型 CVT 的结构与工作原理

奥迪 01J 型 CVT 的结构如图 23-5 所示。发动机转矩通过飞轮减振装置或双质量飞轮传递给 CVT,然后通过行星齿轮机构来切换前进档和倒档。当前进档离合器接合时,车辆向前行驶。当倒档离合器接合时,车辆倒退行驶。接着,发动机转矩通过辅助减速齿轮传递到无级变速机构,并由此传递到主减速器,最后传递至车轮。液压控制单元和 CVT 控制单元集成为一体,位于 CVT 壳体内。液压泵产生液压,供液压控制系统使用。

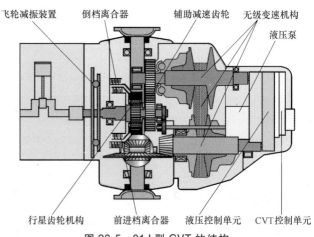

图 23-5 01J 型 CVT 的结构

如图 23-6 所示,CVT 的无级变速机构由两个带锥面的盘组(主链轮装置和副链轮装置)以及工作于两个锥形链轮组之间 V 形槽内的专用传动链组成。

主链轮装置由发动机通过辅助减速齿轮驱动。发动机转矩通过传动链传递到副链轮装置，并由此传递给主减速器。每组链轮装置中的一个链轮可沿轴向移动，调整传动链的跨度尺寸和传动比。每组链轮装置必须同时进行调整，保证传动链始终处于张紧状态，且有足够的盘接触传动压力。

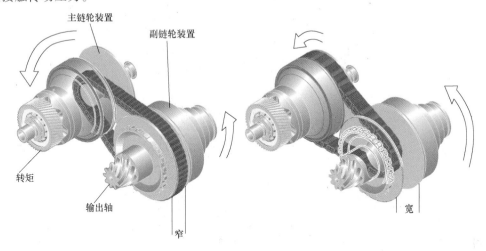

图 23-6　无级变速机构

四、换档液压控制

为确保控制传输转矩所需的钢带压紧力，系统控制施加到从动带轮的液压力。CVT 阀体总成采用专用液压回路，以进行钢带压紧力控制。如图 23-7 所示，该回路可优化控制施加到从动带轮的液压力，从而实现良好的转矩传输性能。

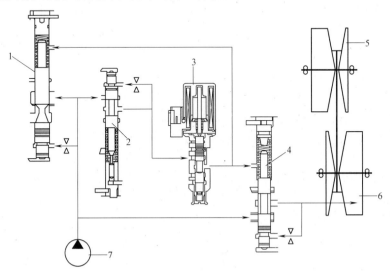

图 23-7　从动带轮的液压控制

1—主调压器阀　2—管路压力 2 号调节器阀　3—换档电磁阀 SLS
4—管路压力 1 号调节器阀　5—主动带轮　6—从动带轮　7—液压泵总成

CVT 主动带轮槽的宽度由液压控制。通过控制流入和流出主动带轮的 CVT 油来实现带轮传动比控制。

如图 23-8 所示，车辆加速时，换档电磁阀 DS1 通过增加主动带轮的进油量，从而使主动带轮槽的宽度变窄。车辆减速时，换档电磁阀 DS2 通过增加主动带轮的出油量，使主动带轮槽的宽度变宽。加速（油流入）和减速（油流出）采用独立的液压回路，以提供精确控制和高可靠性。

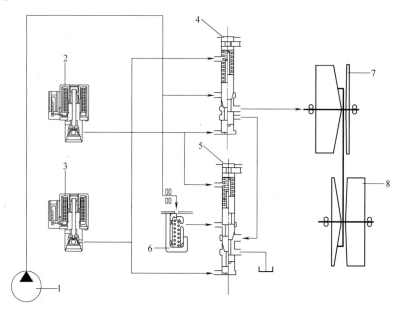

图 23-8　主动带轮的液压控制

1—液压泵总成　2—换档电磁阀 DS1　3—换档电磁阀 DS2　4—1 号传动比控制阀
5—2 号传动比控制阀　6—单向阀　7—主动带轮　8—从动带轮

1. CVT 是如何改变传动比的？其结构特点是怎样的？
2. CVT 采用液力变矩器有何优势？
3. CVT 通常如何实现前进档与倒档？
4. CVT 液压系统是如何控制带轮槽宽度的？

第 24 天　无级变速器的维修

1. 掌握 CVT 油油位及油质的检查方法。
2. 掌握 CVT 失速测试方法及故障部位的诊断。
3. 学习 01J 型 CVT 输入轴的拆卸和安装方法。

一、CVT 油油位的检查（东风日产车系）

1）检查 CVT 是否漏油。

2）在发动机暖机的情况下，在市内驾驶车辆。环境温度为 20℃时，需要约 10min 使 CVT 油温度上升至 50~80℃。

3）将车辆停在水平地面上。

4）拉紧驻车制动器。

5）在发动机怠速时，踩下制动踏板，将变速杆依次置于所有档位。

6）如图 24-1 所示，按下 CVT 油位计上的凸耳解锁后，从 CVT 油加注管中拔出 CVT 油位计。

7）擦净 CVT 油位计上的 CVT 油。将 CVT 油位计相对原位旋转 180°后插入加注管中，然后用力推 CVT 油位计，直到触及加注管顶端，如图 24-2 所示。

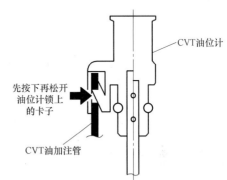

图 24-1 解锁 CVT 油位计

8）将变速杆置于"P"或"N"位，并检查油位是否处于图 24-3 所示的规定范围内。

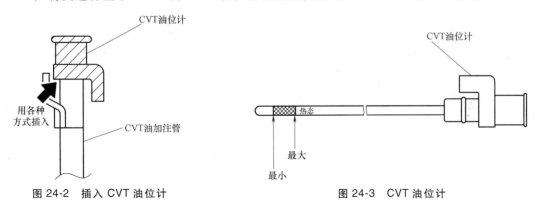

图 24-2 插入 CVT 油位计　　　图 24-3 CVT 油位计

二、检查 CVT 油状态（东风日产车系）

拔出 CVT 油位计后，将其上的 CVT 油滴在无绒纸上，可检查 CVT 油质（表 24-1）。

表 24-1 CVT 油质与故障诊断

油质	可能原因	所需操作
油漆状（浅棕或深棕色并发黏）	CVT 油因高温而变质	更换 CVT 油，检查 CVT 控制单元及相关部件（线束、冷却管等）
乳白色或浑浊	CVT 油含水	更换 CVT 油，检查可能的渗水点
混入大量金属屑	CVT 内有不正常磨损	更换 CVT 油并检查 CVT 工作是否正常

1）如果 CVT 油颜色非常深或有糊味，则检查 CVT 的工情况。修理 CVT 后，清洗冷却

系统。

2）如果 CVT 油含有摩擦材料（源于离合器、制动器等的摩擦件），则在修理 CVT 后更换散热器，并用清洁剂和压缩空气清洗冷却系统管路。

三、日产天籁 CVT 失速测试

失速测试可检查 CVT 的管路压力是否正常，离合器、变矩器等是否工作正常。

1）检查 CVT 油量，必要时添加 CVT 油。

2）驾车行驶约 10min 以暖机，使 CVT 油温度达到 50~80℃。检查 CVT 油油位，如有必要则添加。

3）可靠地拉紧驻车制动器，使车轮无法转动。

4）将转速表安装在测试过程中驾驶人能看到的位置。

5）起动发动机，踩下制动踏板，将变速杆置于"D"位。

6）慢慢踩下加速踏板。

7）快速记录失速转速，然后快速松开加速踏板。

注意：

测试过程中，踩下加速踏板的持续时间不要超过 5s。失速转速：2700~3250r/min

8）将变速杆置于"N"位。

9）冷却 CVT 油。

注意：

使发动机怠速运转至少 1min。

10）将变速杆置于"R"位，重复步骤 6）~9）。

11）通过表 24-2 判断 CVT 是否工作正常。

表 24-2 失速检查表

	变速杆位置		预计可疑位置
	"D"	"R"	
失速旋转	H	O	● 前进档离合器
	O	H	● 倒档
	L	L	● 发动机和液力变矩器单向离合器
	H	H	● 管路压力低 ● 主带轮 ● 辅助带轮 ● 钢带

O：失速转速位于标准范围内。
H：失速转速高于标准范围。
L：失速低于标准范围。

四、CVT 输入轴（离合器）的拆卸和安装

奥迪 A6/A4 轿车 01J 型 CVT 输入轴的拆卸和安装方法如下。

1. 拆卸

1）排出 CVT 油。
2）拧出图 24-4 中箭头所示的法兰盖板紧固螺栓。
3）用塑料锤小心地敲击输入轴的法兰盖板，使输入轴法兰盖板从密封件上脱开。
4）将夹具 T40050 安装到变速器输入轴上，如图 24-5 所示。
5）检查夹具是否牢靠地固定在输入轴上，卡环必须已推到最低位。
6）把夹具上的输入轴及法兰端盖和前进档离合器从 CVT 壳体中拉出。

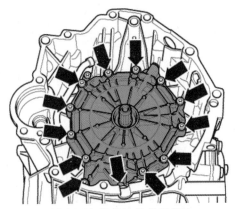

图 24-4　拧出法兰盖板螺栓

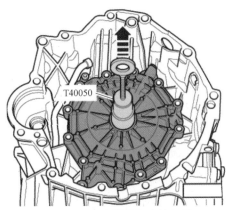

图 24-5　用夹具取出输入轴

注意：

输入轴的下端不允许放在导向支座上（图 24-6 中箭头所示）。

2. 安装

1）清洁 CVT 壳体和法兰端盖上的密封面。
2）检查 CVT 壳体上是否有用于法兰端盖定位的配合套（图 24-7 中箭头所示），并检查

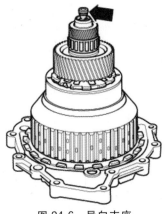

图 24-6　导向支座

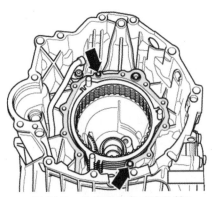

图 24-7　检查配合套（定位销）

其固定情况。

3）检查密封环（图 24-8 中箭头所示）的状态，必要时更新。安装时，密封环的密封唇应指向法兰盖板。

4）放上密封纸。

5）如图 24-9 所示，用直尺等工具校准倒档离合器的离合器片，啮合齿必须呈一条直线。

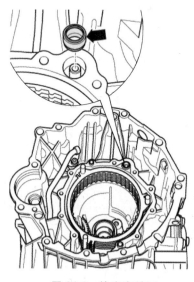

图 24-8 检查密封环

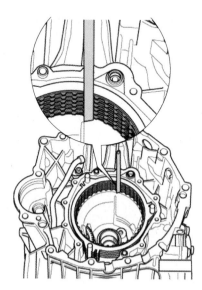

图 24-9 校准离合器片

6）把输入轴和法兰盖板及前进档离合器装入 CVT 壳体。此时应小幅来回转动输入轴，直至倒档离合器的所有摩擦片全部卡入。微抬起输入轴。

7）安装到最后几毫米时向左转动输入轴，以便输入轴卡入中间传动机构的斜齿内。

8）以交叉方式逐个拧紧螺栓。

9）向 CVT 内加注 4.5~5L 新 CVT 油。

10）安装 CVT 后检查 CVT 油油位，若低于规定范围则添加。

维修案例

奥迪 A4 轿车无法行驶

故障现象：一辆采用 CVT 的奥迪 A4 轿车正常行驶时，突然一顿，车速开始下降，直到抛锚。其间，踩加速踏板只见发动机转速上升而车辆却无法行驶。CVT 各档位显示灯全亮。熄火后停车 10min 左右，再次起动，车辆还能行驶约 1km。

故障诊断与排除：

1）使用 VAS5051 检查，结果为数据总线信号无法传送。

2）读取变速器数据块 7，发现其接收的发动机转速信号对应值仅为 80r/min，由此判断车辆无法行驶是 CVT 控制单元接收发动机信号错误。

3）更换 CVT 控制单元，故障排除。

你学会了吗?

1. 怎样检查 CVT 油油位及油质?
2. 怎样对 CVT 进行失速测试?其目的是什么?
3. 怎样拆卸和安装 01J 型 CVT 的输入轴?

第六章

本田平行轴式自动变速器

第25天　平行轴式自动变速器的结构与工作原理

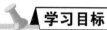

1. 了解平行轴式自动变速器的组成与结构特点。
2. 了解平行轴式自动变速器的工作原理与动力传递路线。

一、平行轴式自动变速器的总体结构

本田汽车大多采用平行轴式自动变速器，这种自动变速器有三种形式：两轴式、两轴+辅助轴式和三轴式。其中，最常见的是三平行轴式自动变速器。其变速机构的工作原理与手动变速器基本相同，不同点在于它是由液压离合器来控制不同档位齿轮的啮合。

如图25-1所示，平行轴式自动变速器由液力变矩器、液压控制装置、电子控制单元和三轴齿轮变速机构等组成。

三平行轴式自动变速器有三个相互平行的轴：主轴（输入轴）、副轴（输出轴）和第二轴。输入轴与发动机曲轴在一条直线上，变矩器能将动力传递到变速器主轴上。输出轴包括1档、2档、3档、4档、5档、倒档、驻车档和主减速器主动齿轮。惰轮轴位于输入轴和第二轴之间，并在两者之间传递动力。输入轴和第二轴上的齿轮始终与输出轴上的齿轮啮合。当变速器中的特定齿轮组通过离合器啮合时，动力首先传递至输入轴，再通过惰轮轴传递至第二轴，最后传递到输出轴并输出给差速器。

二、离合器与齿轮

本田5档平行轴式自动变速器的离合器与齿轮如图25-2所示。该变速器只有离合器，没有制动器。变矩器壳体连接到发动机曲轴上，并随曲轴一起转动。变矩器外侧是一个齿圈。发动机起动时，该齿圈与起动机的驱动齿轮啮合。整个变矩器总成起到飞轮的作用，能

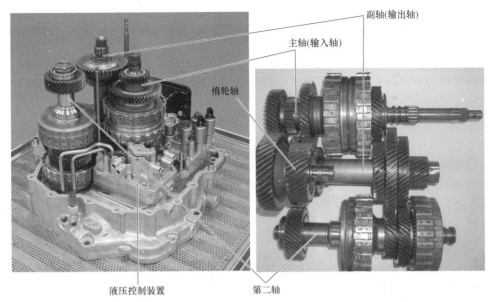

图 25-1 平行轴式自动变速器的结构

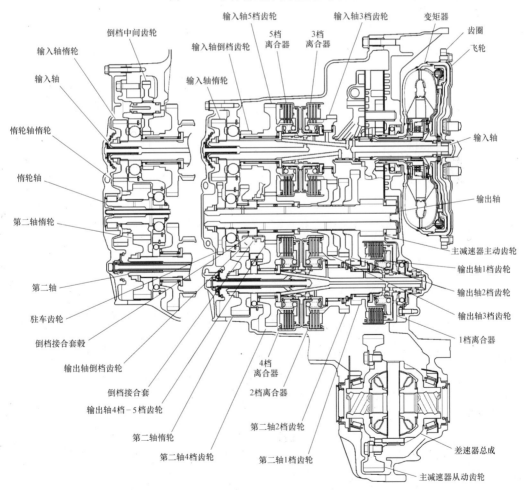

图 25-2 平行轴自动变速器的离合器与齿轮

将动力传递到变速器输入轴上。

5档平行轴式自动变速器使用液压驱动型离合器。液压引入离合器毂中时，离合器活塞会移动。进而将摩擦盘和钢片压到一起并锁紧，使它们不能滑转。然后，动力通过接合的离合器组件传递到安装毂齿轮上。同样地，液压从离合器组件卸去时，活塞复位，使摩擦盘和钢片分离，并自由地相对滑转。这使齿轮能在轴上独立转动，不传递动力。

1. 1档离合器

1档离合器位于第二轴的右端，与端盖方向相反，其作用是接合/分离1档齿轮。液压通过内部管路供给1档离合器。

2. 2档离合器

2档离合器位于第二轴的中部，其作用是接合/分离2档齿轮。2档离合器与4档离合器紧密连接，并通过第二轴内的管路供给液压。

3. 3档离合器

3档离合器位于输入轴的中部，其作用是接合/分离3档齿轮。3档离合器与5档离合器紧密连接，液压通过内部管路供给3档离合器。

4. 4档离合器

4档离合器位于第二轴的中部，其作用是接合/分离4档齿轮。4档离合器与2档离合器紧密连接，并通过第二轴内的管路供给液压。

5. 5档离合器

5档离合器位于输入轴的中部，其作用是接合/分离5档齿轮和倒档齿轮。5档离合器与3档离合器紧密连接，液压通过内部管路供给5档离合器。

6. 齿轮工作情况

输入轴上的齿轮：

1）3档齿轮通过3档离合器与输入轴接合/分离。

2）5档齿轮通过5档离合器与输入轴接合/分离。

3）倒档齿轮通过5档离合器与输入轴接合/分离。

4）惰轮通过花键与输入轴连接，并与输入轴一起转动。

输出轴上的齿轮：

1）主减速器传动齿轮集成在输出轴上。

2）1档齿轮、2档齿轮和驻车齿轮通过花键与输出轴连接，并与输出轴一起转动。

3）4档-5档齿轮和倒档齿轮的转动不受输出轴的影响。倒档接合套通过倒档接合套毂与4档-5档齿轮和倒档齿轮啮合。倒档接合套毂通过花键与输出轴连接，4档-5档齿轮和倒档齿轮与输出轴连接。

第二轴上的齿轮：

1）1档齿轮通过1档离合器与第二轴接合/分离。

2）2档齿轮通过2档离合器与第二轴接合/分离。

3）4档齿轮通过4档离合器与第二轴接合/分离。

4）惰轮通过花键与第二轴连接，并与第二轴一起转动。

惰轮轴上的惰轮在输入轴和第二轴之间传递动力。

倒档中间齿轮将动力从输入轴倒档齿轮传递到输出轴倒档齿轮，并使输出轴反向旋转。

三、换档原理与动力传递路线

1. 1档动力传递路线

本田5档平行轴式自动变速器在1档时的动力传递路线如图25-3所示。此时，液压供给1档离合器，然后1档离合器使第二轴1档齿轮与第二轴啮合。主轴惰轮通过惰轮轴惰轮和第二轴惰轮驱动第二轴，第二轴1档齿轮驱动输出轴1档齿轮和输出轴，动力传递到主减速器主动齿轮上，并驱动主减速器从动齿轮。

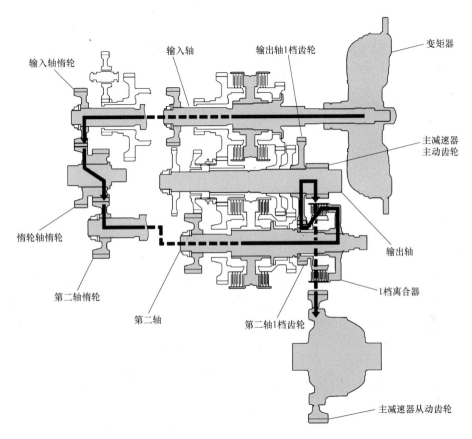

图25-3 1档动力传递路线

2. 2档动力传递路线

本田5档平行轴式自动变速器在2档时的动力传递路线如图25-4所示。此时，液压供给2档离合器，然后2档离合器使第二轴2档齿轮与第二轴啮合。输入轴惰轮通过惰轮轴惰轮和第二轴惰轮驱动第二轴，第二轴2档齿轮驱动输出轴2档齿轮和输出轴。动力传递到主减速器主动齿轮上，并驱动主减速器从动齿轮。

3. 3档动力传递路线

如图25-5所示，本田5档平行轴式自动变速器在3档时，液压供给3档离合器，然后3档离合器使输入轴3档齿轮与输入轴啮合。输入轴3档齿轮驱动输出轴3档齿轮和输出轴。动力传递到主减速器主动齿轮上，并驱动主减速器从动齿轮。

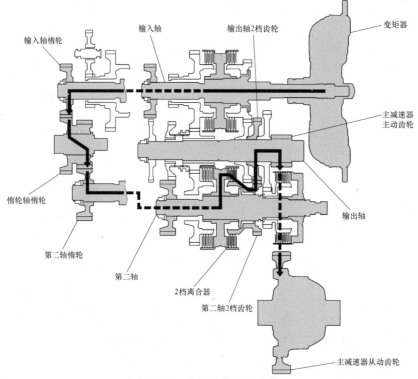

图 25-4　2 档动力传递路线

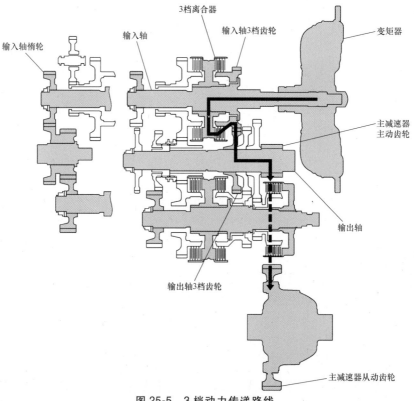

图 25-5　3 档动力传递路线

4. 4 档动力传递路线

如图 25-6 所示，本田 5 档平行轴式自动变速器在 4 档时，液压供给 4 档离合器，然后 4 档离合器使第二轴 4 档齿轮与第二轴啮合。输入轴惰轮通过惰轮轴惰轮和第二轴惰轮驱动第二轴，第二轴 4 档齿轮驱动输出轴 4 档-5 档齿轮。输出轴 4 档-5 档齿轮通过倒档接合套、倒档接合套毂来驱动输出轴，动力传递到主减速器主动齿轮上，并驱动主减速器从动齿轮。

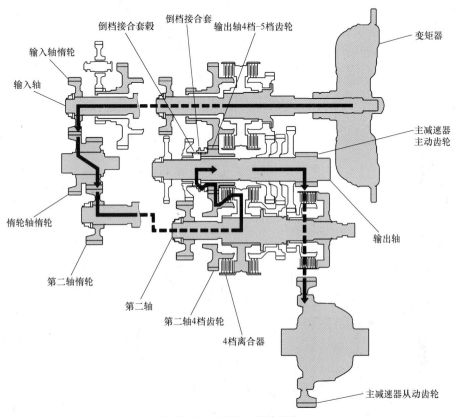

图 25-6　4 档动力传递路线

5. 5 档动力传递路线

如图 25-7 所示，本田 5 档平行轴式自动变速器在 5 档时，液压供给伺服阀，使倒档接合套与输出轴 4 档-5 档齿轮和倒档接合套毂啮合。液压同时供给 5 档离合器，然后 5 档离合器使输入轴 5 档齿轮与输入轴啮合。输入轴 5 档齿轮驱动输出轴 4 档-5 档齿轮，输出轴 4 档-5 档齿轮通过驱动倒档接合套毂的倒档接合套来驱动输出轴。动力传递到主减速器主动齿轮上，并驱动主减速器从动齿轮。

6. 倒档动力传递路线

如图 25-8 所示，本田 5 档平行轴式自动变速器在倒档时，液压供给伺服阀，使倒档接合套与输出轴倒档齿轮和倒档接合套毂啮合。液压同时供给 5 档离合器，然后 5 档离合器使输入轴倒档齿轮与输入轴啮合。输入轴倒档齿轮通过倒档中间齿轮驱动输出轴倒档齿轮，输出轴倒档齿轮的转动方向通过倒档中间齿轮改变，输出轴倒档齿轮通过驱动倒档接合套毂的倒档接合套来驱动输出轴。动力传递到主减速器主动齿轮上，并驱动主减速器从动齿轮。

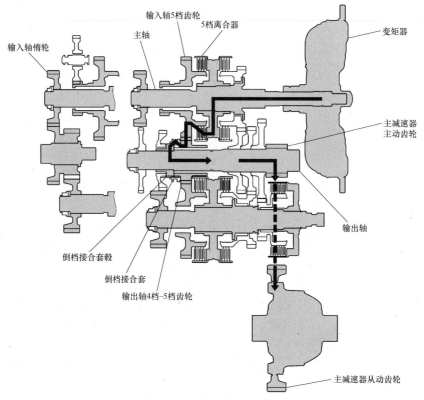

图 25-7　5 档动力传递路线

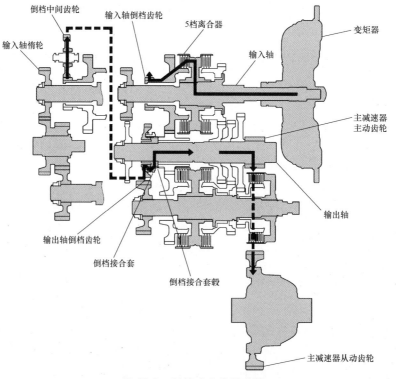

图 25-8　倒档动力传递路线

四、电子控制系统

如图 25-9 所示,本田 5 档平行轴式自动变速器的电子控制系统由动力系统控制单元(PCM)、传感器和 7 个电磁阀组成。PCM 位于乘客侧仪表板右端,杂物箱后方。

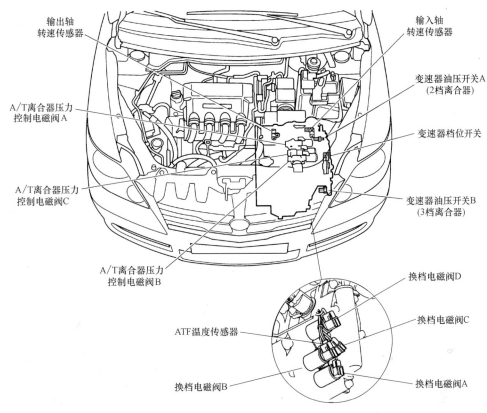

图 25-9　本田平行轴式自动变速器电子控制系统的组成

PCM 通过传感器和开关传送的各种信号确定档位,并激活换档电磁阀 A、B、C 和 D 控制变速器换档。换档电磁阀为常闭型。当换档电磁阀由 PCM 供电时,换档电磁阀压力孔打开。换档电磁阀在各档位的工作状态见表 25-1。

表 25-1　换档电磁阀的工作状态

位置	档位	换档电磁阀			
		A	B	C	D
D、D_3	从空档换档	OFF	OFF	OFF	OFF
	保持在 1 档	OFF	ON	OFF	ON 或 OFF
	在 1 档和 2 档之间换档	ON	ON	OFF	ON 或 OFF
	保持在 2 档	ON	OFF	OFF	ON 或 OFF
	在 2 档和 3 档之间换档	OFF	OFF	OFF	ON 或 OFF
	保持在 3 档	OFF	OFF	ON	ON 或 OFF
D	在 3 档和 4 档之间换档	ON	OFF	ON	ON 或 OFF
	保持在 4 档	ON	ON	ON	ON 或 OFF

(续)

位置	档位	换档电磁阀 A	换档电磁阀 B	换档电磁阀 C	换档电磁阀 D
D	在4档和5档之间换档	OFF	ON	ON	ON 或 OFF
	保持在5档	OFF	ON	OFF	ON 或 OFF
2	2档	ON	OFF	OFF	ON 或 OFF
1	1档	OFF	ON	OFF	ON 或 OFF
N	空档	OFF	OFF	OFF	OFF
R	在驻车档和空档之间换档	OFF	OFF	OFF	ON
	保持在倒档	OFF	ON	ON	ON
	倒档禁止控制	ON	OFF	ON	OFF
P	驻车档	OFF	OFF	OFF	ON

本田理念轿车5档平行轴式自动变速器的电子控制系统电路如图25-10所示。

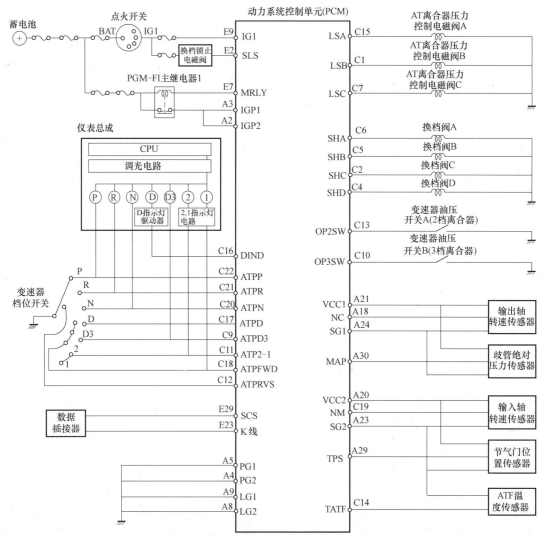

图25-10 本田平行轴式自动变速器电子控制系统电路

五、液压控制系统（阀体）

平行轴式自动变速器的阀体包括主阀体、调节器阀体和伺服阀体。ATF 泵由变矩器端的花键驱动，花键连接到发动机上。ATF 流经调节器阀、主阀体到手动阀，以保持规定压力，并将压力引到各离合器。换档电磁阀 A、B、C 和 D 安装在伺服阀体上。AT 离合器压力控制电磁阀 A、B 和 C 安装在变速器壳体上。

1. 主阀体

主阀体包括手动阀、断电阀 B、换档阀 A/C/D、限压阀、锁止控制阀、冷却器单向阀、伺服控制阀和 ATF 泵齿轮，其结构如图 25-11 所示。主阀体的主要功能是切换油液压力打开和关闭，控制流向液压控制系统的液压。

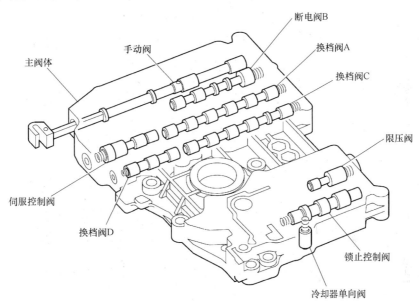

图 25-11 主阀体的结构

2. 调节器阀体

调节器阀体位于主阀体上，其结构如图 25-12 所示。调节器阀体包括调节器阀、变矩器单向阀、锁止换档阀、1 档和 3 档蓄能器。

调节器阀体保持从 ATF 泵至液压控制系统的恒定压力，同时向润滑系统和变矩器供给 ATF，如图 25-13 所示。ATF 从 ATF 泵流经 B 和 B'，从 B 进入的 ATF 从节流孔流向 A 孔。A 孔的压力将调节器阀推至弹簧侧，调节器阀的移动使到变矩器和限压阀的孔打开。ATF 流出变矩器和限压阀，调节器阀在弹簧作用下复位。调节器阀的位置根据流过 B 的液压大小改变，且从 B' 流经变矩器的 ATF 量发生变化。

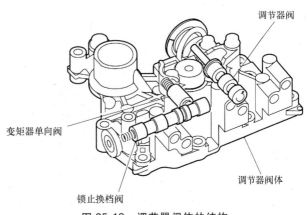

图 25-12 调节器阀体的结构

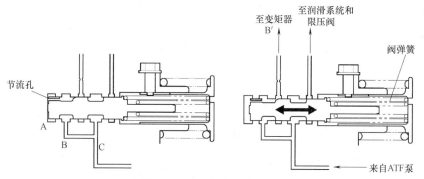

图 25-13 调节器阀的结构

调节器阀通过导轮反作用转矩增加液压力。如图 25-14 所示,导轮轴用花键与变矩器导轮接合,且其臂端接触调节器弹簧座。车辆加速或爬坡(变速器档位)时,导轮反作用转矩作用于导轮轴上,导轮臂将按箭头方向推动调节器弹簧座,推力与反作用转矩成比例。导轮反作用力使弹簧压缩,调节器阀移动以增加调节器阀所调节的管路压力。导轮反作用转矩达到最大时管路压力也达到最大。

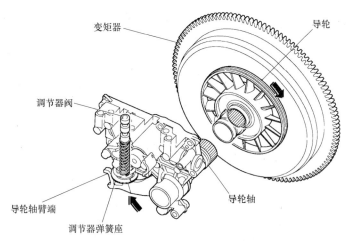

图 25-14 调节器阀的工作原理

3. 伺服阀体

伺服阀体位于主阀体上,其结构如图 25-15 所示。伺服阀体包括伺服阀、换档阀 B、断电阀 A、2 档、4 档和 5 档蓄能器和换档电磁阀 A/B/C/D。

4. 蓄能器

蓄能器位于调节器阀体和伺服阀体上,其位置如图 25-16 所示。调节器阀体包括 1 档和 3 档蓄能器,伺服阀体包括 2 档、4 档和 5 档蓄能器。

发动机运转时,ATF 泵开始工作。ATF 通过 ATF 滤清器吸入,并排向液压回路。然后,从 ATF 泵流出的 ATF 成为调节器阀调节的管路压力。调节器阀中的变矩器压力通过锁止换档阀进入变矩器,并从变矩器中排出。变矩器单向阀。防止变矩器压力升高。

PCM 控制换档电磁阀通电和断电。换档电磁阀断电时,通过手动阀切断来自 ATF 泵的管路压力。换档电磁阀通电时,管路压力在换档电磁阀处变为换档电磁阀压力,然后流向换档阀。进而使换档阀移动，并切换液压回路孔口。

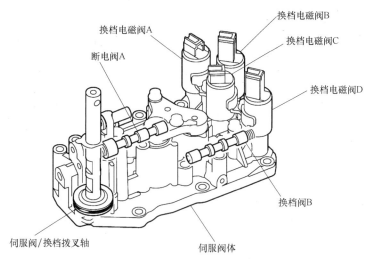

图 25-15　伺服阀体的结构

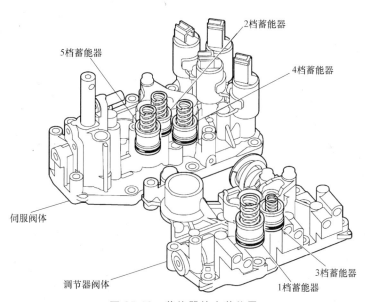

图 25-16　蓄能器的安装位置

PCM 还控制离合器压力控制电磁阀 A、B 和 C。离合器压力控制电磁阀调节液压，并向离合器施加压力使其平稳接合。离合器压力控制电磁阀调节离合器接收的最佳离合器压力，以提高驾驶和换档的舒适性。

你学会了吗?

1. 三平行轴式自动变速器由哪些部件组成？有何特点？
2. 平行轴式自动变速器是怎样换档的？
3. 平行轴式自动变速器的倒档动力传递路线是怎样的？

第26天　ATF的检查与更换及自动变速器测试

学习目标

1. 掌握ATF油位的检查和更换方法。
2. 学习自动变速器的道路测试和失速测试方法。
3. 学习自动变速器的管路压力测试方法。

实际操作

一、ATF油位检查

1）将车辆停在水平地面上。
2）将发动机暖机到正常工作温度（冷却风扇运转），然后关闭发动机。

注意：

　　关闭发动机后，应在60~90s内检查油位。如果冷却风扇起动两次或更多，则会使ATF油位升高。

3）如图26-1所示，取出ATF油尺（黄色环）A，并用干净的抹布擦干净。
4）将油尺插入变速器中。
5）再次取出油尺并检查油位。油位应在上标记A和下标记B之间，如图26-2所示。

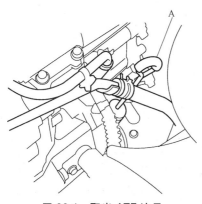

图26-1　取出ATF油尺

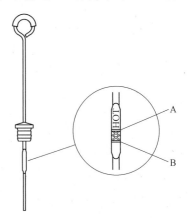

图26-2　油尺油位标记

　　6）如果油位低于下标记，则检查变速器、ATF滤清器、软管、管路和管路接头是否有ATF泄漏。如果发现故障，则在加注ATF之前应将其排除。如果油位高于上标记A，则排出ATF至合适油位。
　　7）若有必要，则拧下ATF加注口螺塞（图26-3），加注ATF至推荐油位。

8）用新密封圈拧紧加注口螺塞。

二、ATF 的更换

1）使 ATF 温度达到正常工作温度（冷却风扇运转）。

2）将车辆停在水平地面上，关闭发动机。

3）拧下放油螺塞（图 26-4），并排空 ATF。

4）拧紧带新密封圈的放油螺塞。

5）拧下加注口螺塞（图 26-5），通过加注口加注 ATF，使油位处于机油尺上、下标记之间。

6）用新密封圈拧紧加注口螺塞。

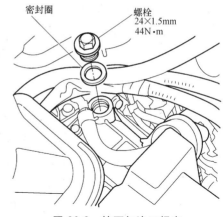

图 26-3　拧下加注口螺塞

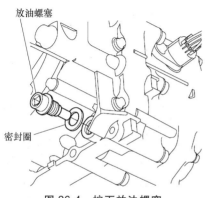

图 26-4　拧下放油螺塞

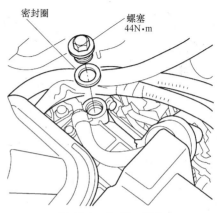

图 26-5　加注口螺塞

三、道路测试

1）将发动机暖机到正常工作温度（冷却风扇运转）。

2）施加驻车制动，使两个后轮止动。

3）起动发动机，然后在踩下制动踏板的同时将变速杆置于 D 位。踩下加速踏板，并突然松开，发动机不应熄火。

4）在所有档位重复步骤 3）。

5）将 HDS（本田诊断仪）连接到 DLC（数据诊断接口），然后转至 A/T 数据表。

6）在平坦的路面上，将变速杆置于"D"位进行车辆行驶测试。检查是否有异常噪声及离合器打滑情况。车辆行驶时，使用 HDS 监视节气门位置传感器电压，监测并确认换档点的速度是否符合标准，并将换档点速度和电压与表 26-1 和表 26-2 中数据对比。

7）以"D"位的 4 档或 5 档行驶，然后换到 2 档。发动机制动使车辆立即开始减速。

8）换到 1 档，节气门全开时从停止开始加速，并检查是否有异常噪声及离合器打滑情况。此时应无法加档。

9）换到 2 档，节气门全开时从停止开始加速，并检查是否有异常噪声及离合器打滑情况。此时应无法加档和减档。

表 26-1 变速杆在"D"位加档

节气门位置传感器电压:0.8V	
1 档→2 档	14~16km/h
2 档→3 档	27~30km/h
3 档→4 档	41~46km/h
4 档→5 档	55~61km/h
锁止打开	46~50km/h
节气门位置传感器电压:2.25V	
1 档→2 档	25~28km/h
2 档→3 档	47~53km/h
3 档→4 档	73~79km/h
4 档→5 档	137~143km/h
锁止打开	146~152km/h
节气门全开	
节气门位置传感器电压:4.5V	
1 档→2 档	39~45km/h
2 档→3 档	74~80km/h
3 档→4 档	126~132km/h
4 档→5 档	197~203km/h

表 26-2 变速杆在"D"位减档

节气门位置传感器电压:0.8V	
锁止关闭	45~49km/h
5 档→4 档	45~51km/h
4 档→3 档	32~36km/h
3 档→1 档	8~12km/h
节气门位置传感器电压:2.25V	
锁止关闭	109~115km/h
节气门全开	
节气门位置传感器电压:4.5V	
锁止关闭	170~176km/h
5 档→4 档	178~184km/h
4 档→3 档	107~113km/h
3 档→2 档	64~70km/h
2 档→1 档	25~31km/h

10）换到倒（R）档，节气门全开时从停止开始加速，并检查是否有异常噪声及离合器打滑情况。

11）将车辆停在斜坡上（坡度约16°），拉紧驻车制动器并将变速杆置于"P"位。松开驻车制动器，车辆应不移动。

注意：

将车辆停在斜坡上且挂档时，务必拉紧驻车制动器使车辆保持静止。根据坡度大小，松开驻车制动器时，车辆可能倒退。

四、失速测试

1）确保 ATF 油位正常。

2）拉紧驻车制动器，使四个车轮全部止动。

3）将 HDS 连接到 DLC 上，然后转至 A/T 数据表。

4）确保空调开关置于 OFF 位。

5）发动机暖机至正常工作温度（冷却风扇运转）后，换到 2 档。

6）完全踩下制动踏板和加速踏板，并持续 6~8s，注意发动机转速。

7）允许冷却 2min，然后在"D"、1 档和"R"位重复测试。

注意：

① 每次测试失速转速不要超过 10s。

② 失速转速测试只能作为诊断依据。

③ 变速杆在"D"、2 档、1 档和"R"位时，失速转速应相同。

④ 不要在安装 A/T 压力表的情况下，测试失速转速。

失速转速:

标准为2200r/min,维修极限为2350r/min

8) 如果测量值超出维修极限,则故障现象及可能原因见表26-3。

五、管路压力测试

1) 确保ATF油位正常。

2) 用举升机举升车辆或施加驻车制动,卡住两个后轮,并举升车辆前端,确保支撑牢固。

3) 使前轮自由旋转。

4) 拆下挡泥板。

5) 将HDS连接到DLC上,然后转至A/T数据表。

6) 将油压表连接到管路压力检查孔上,如图26-6所示。连接油压表时不要让灰尘或其他异物进入孔中。

7) 起动发动机,并暖机至正常工作温度(冷却风扇运转)。

8) 使发动机转速保持在2000r/mim,变速杆置于"P"或"N"位时测量管路压力,标准值见表26-4。

9) 关闭发动机,然后将油压表从管路压力检查孔上断开。

10) 使用新密封圈拧紧管路压力检查孔密封螺塞,紧固力矩为18N·m。不要重复使用旧密封圈。

表26-3 故障现象和可能原因

故障现象	可能原因
在"D"、2档、1档和"R"位时,失速转速过高	● ATF泵输出压力过低 ● ATF滤清器堵塞 ● 调节阀卡滞 ● 离合器滑转
在1档位时,失速转速过高	1档离合器滑转
在2档位时,失速转速过高	2档离合器滑转
在"R"位时,失速转速过高	5档离合器滑转
4档→5档	55~61km/h
锁止打开	46~50km/h
在"D"、2档、1档和"R"位时,失速转速过低	● 发动机输出功率过低 ● 发动机节气门关闭 ● 液力变矩器单向离合器滑转

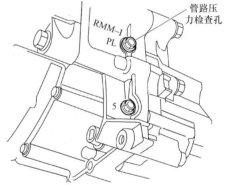

图26-6 连接油压表

在变速杆置于"P"或"N"位以外的位置进行测量时,测量值可能偏高。

表26-4 标准油压

压力	油压	
	标准	维修极限
管路	900~960kPa	<850kPa

11) 拆下空气滤清器总成。

12) 将油压表连接至1档离合器压力检查孔,如图26-7所示,然后暂时安装空气滤清器总成。

13) 将油压表连接到2档离合器压力检查孔上,如图26-8所示。

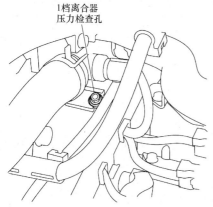
图 26-7 1档离合器压力检查孔

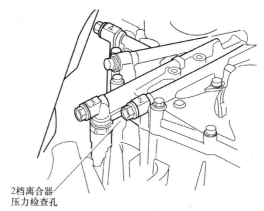
图 26-8 2档离合器压力检查孔

14）按如下方法测量1档和2档离合器压力。

① 起动发动机，并换至1档。

② 使发动机转速保持在2000r/min，在1档离合器压力检查孔处测量1档离合器压力。

③ 换到2挡，使发动机转速保持在2000r/min，在2档离合器压力检查孔处测量2档离合器压力，标准值见表26-5。

表 26-5 标准油压

压力	油 压	
	标准	维修极限
1档离合器 2档离合器	890~970kPa	840kPa

15）关闭发动机，拆下空气滤清器总成，然后将油压表从1档和2档离合器压力检查孔上断开。

16）使用新密封圈拧紧1档和2档离合器压力检查孔密封螺塞，拧紧力矩为18N·m。

17）安装空气滤清器总成。

18）将油压表连接到3档离合器压力检查孔和4档离合器压力检查孔上，如图26-9所示。

19）将油压表连接到5档离合器压力检查孔上，如图26-10所示。

20）按如下方法测量3档、4档和5档离合器压力。

① 踩下制动踏板，变速杆置于P位时，起动发动机。

② 换至3档位，踩下加速踏板，将发动机转速提高到2500r/min，然后换至2档位。

③ 松开加速踏板。变速杆在2档位时，发动机转速降至1000r/min。

④ 非常缓慢地踩下加速踏板，使发动机转速在5s内增加到2000r/min，然后踩住加速踏板，变速杆换至3档位。使发动机转速保持在2000r/min，在3档离合器压力检查孔处测量3档离合器压力。标准值见表26-6。

⑤ 变速杆置于"D"位，使发动机转速保持在2000r/min，在4档离合器压力检查孔处测量4档离合器压力，在5档离合器压力检查孔处测量5档离合器压力标准值见表26-6。

21）使发动机处于怠速状态，然后踩下制动踏板使车轮停止旋转。

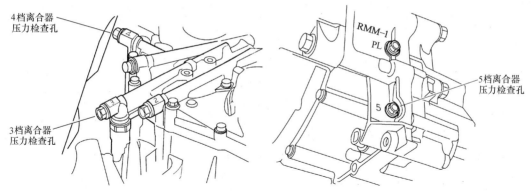

图 26-9　3 档和 4 档离合器压力检查孔　　　图 26-10　5 档离合器压力检查孔

22) 将变速杆置于"R"位,然后松开制动踏板。将发动机转速提高到 2000r/min,并测量 5 档离合器压力,标准值见表 26-7。

表 26-6　标准油压

压力	油压	
	标准	维修极限
3 档离合器 4 档离合器 5 档离合器	890~970kPa	840kPa

表 26-7　标准油压

压力	油压	
	标准	维修极限
5 档离合器	890~970kPa	840kPa

23) 关闭发动机,然后将油压表分别从 3 档、4 档和 5 档离合器压力检查孔上断开。
24) 使用新密封圈拧紧 3 档、4 档和 5 档离合器压力检查孔密封螺塞,拧紧力矩为 18N·m。
25) 如果测量值超出维修极限,则参考表 26-8 中所列的故障现象及可能原因进行维修。

表 26-8　故障现象及可能原因

故障	可能原因
无管路压力或压力过低	液力变矩器故障 ATF 泵故障 调节阀故障 变矩器单向阀故障 ATF 滤清器堵塞
1 档离合器无压力或压力过低	1 档离合器故障 密封圈失效
2 档离合器无压力或压力过低	2 档离合器故障 密封圈失效
3 档离合器无压力或压力过低	3 档离合器故障 密封圈失效
4 档离合器无压力或压力过低	4 档离合器故障 密封圈失效
5 档离合器无压力或压力过低	5 档离合器故障 密封圈失效
变速杆置于"R"位,5 档离合器无压力或压力过低	伺服阀故障 5 档离合器故障 密封圈失效

你学会了吗?

1. 怎样检查及更换平行轴式自动变速器的 ATF？
2. 自动变速器的标准失速转速是多少？失速故障现象和可能原因有哪些？
3. 如何测试平行轴式自动变速器的管路压力？

第27天　变速器壳体和轴总成的维修

学习目标

1. 学会拆卸和安装平行轴式自动变速器的端盖。
2. 学会拆卸和安装平行轴式自动变速器的壳体和轴总成。

实际操作

一、平行轴式自动变速器端盖的拆卸

1）拆下 ATF 滤清器支架 D 紧固螺栓，然后拆下 ATF 进油管螺栓和密封圈、ATF 进油管、ATF 滤清器 E、ATF 软管和 ATF 滤清器支架，如图 27-1 所示。

2）拆下 ATF 出油管螺栓和密封圈，然后拆下 ATF 出油管 F。

3）拆下 A/T 离合器压力控制电磁阀 A、ATF 接管、O 形圈、ATF 管和衬垫。

4）拆下 A/T 离合器压力控制电磁阀 B 和 C、ATF 接管、O 形圈、ATF 管和衬垫。

5）拆下输入轴（主轴）转速传感器 G 和输出轴（副轴）转速传感器 H。

6）拆下变速器档位开关盖 I。

7）拆下变速器档位开关线束、线束夹托架 J，然后拆下变速器档位开关 K。

8）拆下端盖 L、定位销、O 形圈和端盖衬垫。

9）从惰轮轴上拆下 ATF 润滑管 M。

10）将输入轴支架组件 1 安装到输入轴上，如图 27-2 所示。

11）使驻车齿轮与驻车棘爪啮合。

12）如图 27-3 所示，用样冲切断各轴锁紧螺母上的锁紧凸舌，然后将锁紧螺母和锥形弹簧垫从各轴上拧下。

注意:

输出轴和第二轴锁紧螺母是左旋螺纹。

13）拆下将惰轮紧固至惰轮轴的卡环。

14）如图 27-4 所示，将 6×1.0mm 螺栓 A 安装到惰轮轴中间齿轮 B 上。利用隔圈 E，将顶拔器 C 固定到惰轮轴 D 上，然后拆下惰轮轴中间齿轮。

15）将顶拔器、6×1.0mm 螺栓和隔圈放在第二轴中间齿轮 F 上，并按与拆卸惰轮轴中间齿轮相同的方式从第二轴上拆下第二轴中间齿轮。

16）将顶拔器、6×1.0mm 螺栓和隔圈放在输入轴中间齿轮 G 上，并按与拆卸惰轮轴中间齿轮相同的方式从输入轴上拆下输入轴中间齿轮。

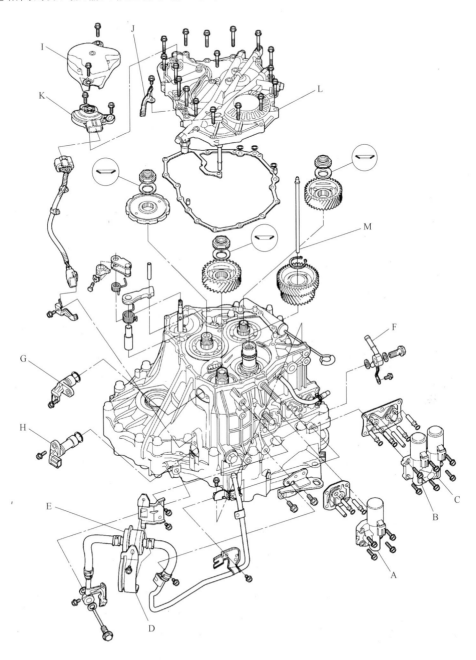

图 27-1　平行轴式自动变速器端盖的拆卸

A、B、C—A/T 离合器压力控制电磁阀　D—ATF 滤清器支架　E—ATF 滤清器　F—ATF 出油管路　G—输入轴转速传感器　H—输出轴转速传感器　I—变速器档位开关盖　J—线束夹托架　K—变速器档位开关　L—端盖　M—ATF 润滑管

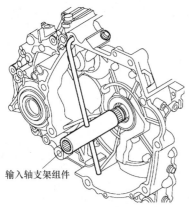

图 27-2 固定输入轴

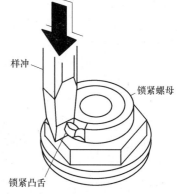

图 27-3 拧下锁紧螺母

17）将顶拔器、6×1.0mm 螺栓和隔圈放在驻车齿轮 H 上，并按与拆卸惰轮轴中间齿轮相同的方式从输出轴上拆下驻车齿轮。

18）拆下驻车棘爪、驻车棘爪弹簧、驻车棘爪轴和止动轴。

19）将驻车拉杆从变速杆控制轴上拆下。

二、壳体和轴总成的拆卸

1）拆下 ATF 油尺 A，如图 27-5 所示。

2）拆下换档电磁阀盖 B、定位销 C 和衬垫 D。

3）从换档电磁阀上断开插接器，并拆下电磁阀线束插接器 E。

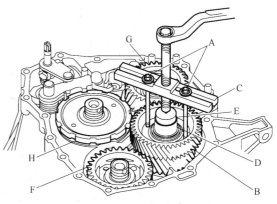

图 27-4 拆下各轴中间齿轮

A—螺栓 B—惰轮轴中间齿轮 C—顶拔器
D—惰轮轴 E—隔圈 F—第二轴中间齿轮
G—输入轴中间齿轮 H—驻车齿轮

4）拆下变速器壳体紧固螺栓 F，共 19 个。

5）用止动片旋转控制轴，将变速杆控制轴 B 上的弹簧销 A 与变速器壳体凹槽 C 对准，如图 27-6 所示。

> **注意:**
> 控制轴旋转时不得将变速杆控制轴尖端挤到一起。

6）将壳体顶拔器安装到输入轴上方，然后拆下变速器壳体、定位销和衬垫。

> **注意:**
> 如果壳体顶拔器的上臂过短，则换上 205mm 壳体顶拔器臂。

7）拆下输出轴倒档齿轮和滚针轴承。

8）拆下固定换档拨叉的紧固螺栓，然后将换档拨叉和倒档接合套一起拆下。

9）将输入轴分总成 A、输出轴分总成 B 和第二轴分总成 C 一起拆下，如图 27-7 所示。用手拆下倒档接合套毂，拆下 4 档/5 档齿轮和滚针轴承、输入轴分总成，然后将输出轴分总成和第二轴分总成一起拆下。

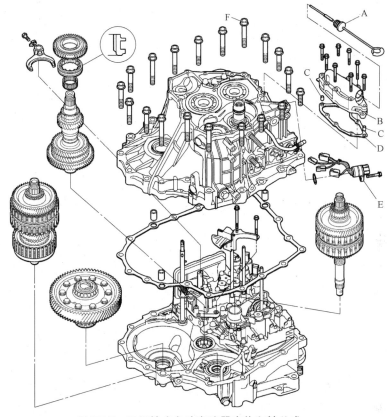

图 27-5 平行轴式自动变速器壳体和轴总成

A—ATF 油尺　B—换档电磁阀盖　C—定位销　D—衬垫　E—电磁阀线束插接器　F—紧固螺栓×19

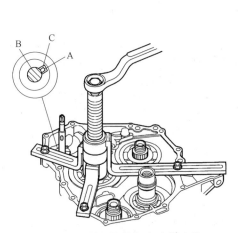

图 27-6 用工具拆卸变速器壳体

A—弹簧销　B—变速杆控制轴　C—变速器壳体凹槽

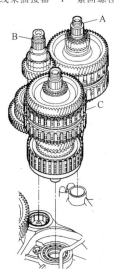

图 27-7 拆下变速器各轴分总成

A—输入轴分总成　B—输出轴分总成　C—第二轴分总成

10）拆下挡油板。
11）拆下差速器总成。

三、轴总成和壳体的安装

1）将差速器总成安装到变矩器壳体中。
2）安装挡油板。
3）装配输入轴、输出轴和第二轴。

注意：

① 如果输出轴倒档接合套毂为压配合型，则接步骤4）。
② 如果输出轴倒档接合套毂不是压配合型，则转至步骤5）。

4）将输入轴分总成、输出轴分总成和第二轴分总成装在一起，并将它们装入变矩器壳体中。

5）将滚针轴承、4档/5档齿轮和倒档接合套毂安装在输出轴上。

6）转动换档拨叉轴 A，使大倒角孔 B 朝向换档拨叉 D 的螺栓孔 C，如图 27-8 所示。

7）将换档拨叉和倒档接合套一起安装到换档拨叉轴和输出轴上。使用锁止螺栓和新锁止垫圈 E 将换档拨叉固定到换档拨叉轴上，然后将锁止垫圈的锁紧凸舌弯向螺栓头。

8）将滚针轴承和输出轴倒档齿轮安装到输出轴上。

9）将倒档惰轮安装到变速器壳体中。

10）将 3 个定位销 A 和新衬垫 B 安装到变矩器壳体 C 上，如图 27-9 所示。

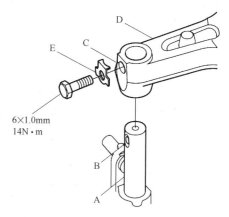

图 27-8　安装倒档换档拨叉
A—换档拨叉轴　B—大倒角孔　C—螺栓孔
D—换档拨叉　E—锁止垫圈

11）转动控制轴止动片，将控制轴 E 上的弹簧销 D 与变速器壳体凹槽 F 对齐。转动时不要将控制轴尖端挤到一起。如果尖端挤到一起，则控制轴和开关之间的间隙会导致换档位置信号错误或位置不正确。

12）将变速器壳体 G 放在变矩器壳体 C 上。在将变速器壳体 G 安装到变矩器壳体 C 上前，不要安装输入轴转速传感器和输出轴转速传感器。

13）用胶带缠绕螺钉旋具端部，防止损坏倒档惰轮的轮齿。使用螺钉旋具转动惰轮，使倒档惰轮和倒档齿轮啮合，如图 27-10 所示。

14）安装变速器壳体紧固螺栓，以交叉方式至少分两步将螺栓紧固至 44N·m。

15）用新 O 形圈 F 将换档电磁阀线束插接器 E 安装到变速器壳体上，如图 27-11 所示。

16）将白色和橙色线束插接器连接到换档电磁阀 B 上。ATF 温度传感器与白色线束插接器连接。

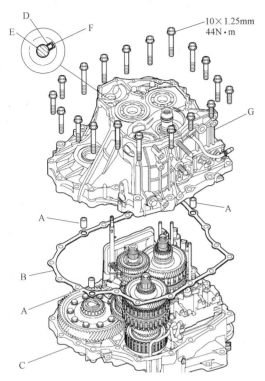

图 27-9 安装变速器壳体

A—定位销×3　B—衬垫　C—变矩器壳体　D—弹簧销
E—控制轴　F—变速器壳体凹槽　G—变速器壳体

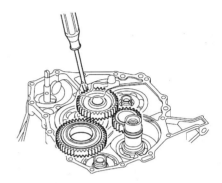

图 27-10 转动倒档惰轮

17) 将线束端子连接到电磁阀：

① 将蓝色线束插接器连接到换档电磁阀 A 上。

② 将绿色线束插接器连接到换档电磁阀 C 上。

③ 将黄色线束插接器连接到换档电磁阀 D 上。

18) 安装换档电磁阀盖 A、两个定位销 B 和新衬垫 C，如图 27-12 所示。

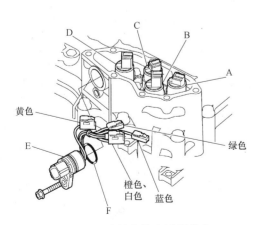

图 27-11 连接换档电磁阀线束

A、B、C、D—换档电磁阀　E—换档电磁阀线束插接器　F—O 形圈

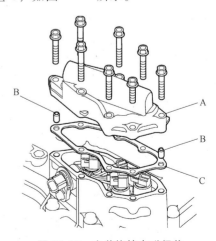

图 27-12 安装换档电磁阀盖

A—换档电磁阀盖　B—定位销×2　C—衬垫

19）安装 ATF 油尺。

四、变速器端盖的安装

1）将输入轴支架组件安装到输入轴上，如图 27-13 所示。

2）使用 ATF 润滑输入轴花键和螺纹、输入轴惰轮的花键、锥形弹簧垫圈和锁紧螺母。

3）如图 27-14 所示，安装输入轴惰轮 A、锥形弹簧垫圈 B 和输入轴 D 上的锁紧螺母 C，锁紧螺母拧紧力矩为 216N·m。

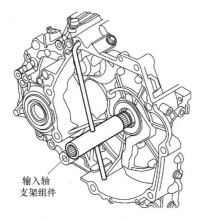

图 27-13 安装输入轴支架组件

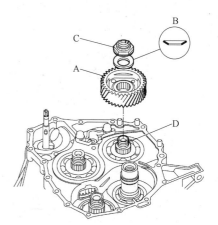

图 27-14 安装输入轴惰轮

A—输入轴惰轮　B—锥形弹簧垫圈
C—锁紧螺母　D—输入轴

4）使用 ATF 润滑第二轴和惰轮轴的花键和螺纹、第二轴中间齿轮的花键、锥形弹簧垫圈和锁紧螺母。

5）将第二轴中间齿轮 A 安装在第二轴 B 上，将惰轮轴中间齿轮 C 安装到惰轮轴 D 上，如图 27-15 所示。

6）如图 27-16 所示，将齿轮安装组件固定在惰轮轴和惰轮上，紧固安装器螺母以部分安装惰轮。

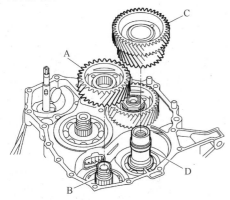

图 27-15 安装中间齿轮

A—第二轴中间齿轮　B—第二轴
C—惰轮轴中间齿轮　D—惰轮轴

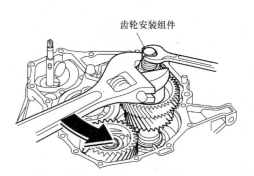

图 27-16 部分安装惰轮

注意：

安装器螺母为左旋螺纹。

7）如图27-17所示，安装锥形弹簧垫圈A和第二轴C上的锁紧螺母B，锁紧螺母拧紧力矩为226N·m。

注意：

第二轴锁紧螺母是左旋螺纹。

8）重新紧固安装器螺母，将惰轮放入惰轮轴内直至极限位置，如图27-16所示。从惰轮轴上拆下安装器。

9）如图27-18所示，将新卡环A安装到惰轮轴B上，并确认卡环牢靠固定在凹槽中。

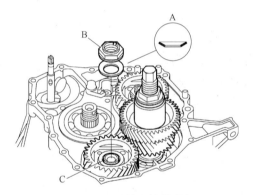

图27-17 紧固第二轴锁紧螺母

A—锥形弹簧垫圈 B—锁紧螺母 C—第二轴

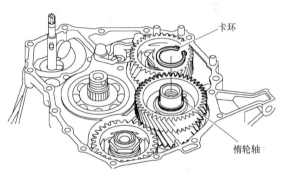

图27-18 安装惰轮轴卡环

10）如图27-19所示，将驻车拉杆A和驻车拉杆挡块B安装到变速杆控制轴C上，然后安装锁紧螺栓和新锁紧垫圈D。不要弯曲锁止垫圈D的锁紧凸舌，直到步骤23）。

11）将驻车棘爪轴E、驻车棘爪弹簧F、驻车棘爪G和挡块轴H安装到变速器壳体中。

12）使用ATF润滑输出轴螺纹和花键、锥形弹簧垫圈和锁紧螺母，以及驻车齿轮接触锥形弹簧垫圈的部位。

13）将驻车齿轮I、锥形弹簧垫圈J和锁紧螺母K安装到输出轴上。

14）提起驻车棘爪，使其与驻车齿轮啮合，然后紧固锁紧螺母K，拧紧力矩为226N·m。

注意：

输出轴锁紧螺母是左旋螺纹。

15）将锁紧螺母和锥形弹簧垫圈从输入轴、输出轴和第二轴上拆下。

16）使用ATF润滑轴螺纹、新锁紧螺母和新锥形弹簧垫圈。

17）按图27-20所示方向安装新锥形弹簧垫圈A、B，新输入轴锁紧螺母C，新输出轴锁紧螺母D和新第二轴锁紧螺母E。

18）拧紧输出轴锁紧螺母和第二轴锁紧螺母，拧紧力矩为167N·m。拧紧输入轴锁紧螺母，拧紧力矩155N·m。

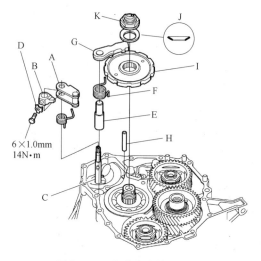

图27-19　安装驻车锁止机构　　　　　图27-20　拧紧锁紧螺母

A—驻车拉杆　B—驻车拉杆挡块　C—变速杆控制轴　D—锁紧垫圈　　A、B—锥形弹簧垫圈　C、D、E—锁紧螺母
E—驻车棘爪轴　F—驻车棘爪弹簧　G—驻车棘爪　H—挡块轴
I—驻车齿轮　J—锥形弹簧垫圈　K—锁紧螺母

19）将输入轴支架组件从输入轴上拆下。

20）如图27-21所示，使用3.5mm样冲B敲入锁紧螺母，深度A为0.7~1.3mm。

21）如图27-22所示，将驻车棘爪A置于P位（驻车档），然后检查并确认驻车棘爪与驻车齿轮B啮合。

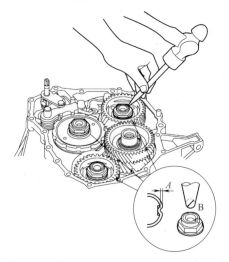

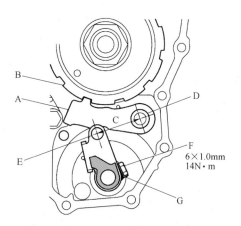

图27-21　固定锁紧螺母　　　　　　　图27-22　检查驻车锁止机构

A—深度　B—样冲　　　　　　　　　A—驻车棘爪　B—驻车齿轮　C—距离　D—棘爪轴
　　　　　　　　　　　　　　　　　　E—驻车拉杆滚柱销　F—锁紧螺栓　G—锁止垫圈

22）如果驻车棘爪未与驻车齿轮完全啮合，则检查棘爪轴 D 中心与驻车拉杆滚柱销 E 中心之间的距离 C（标准：37.8~38.8mm）。

23）紧固锁紧螺栓 F，向螺栓头的相反方向弯曲锁止垫圈 G 的锁紧凸舌。

24）如图 27-23 所示，将 ATF 润滑管 A 安装到惰轮轴 B 上。

25）将新衬垫 C 安装到变速器壳体上，将两个定位销 D 和新 O 形圈 E 安装到 ATF 供油管 F 的上端。

26）安装端盖 G，并拧紧 17 个螺栓。

27）如图 27-24 所示，使用变矩器壳体侧的换档控制轴端，顺时针转动控制轴 A（从端盖侧看）至 P 位置。逆时针转动控制轴，直到发出两次"咔嗒"声，使其处于 N 位置。

28）如图 27-25 所示，将旋转架上的切口 A 与变速器档位开关 C 上的空档位置切口 B 对齐，然后将 2mm 的塞尺 D 置于切口内，以将开关固定在 N 位置。

29）如图 27-26 所示，使用 2mm 的塞尺 C 将变速器档位开关 A 固定在 N 位置，同时将它轻轻地安装到控制轴 B 上。

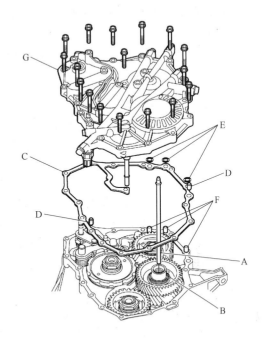

图 27-23　安装变速器端盖

A—ATF 润滑管　B—惰轮轴　C—衬垫　D—定位销×2
E—O 形圈　F—ATF 供油管　G—端盖

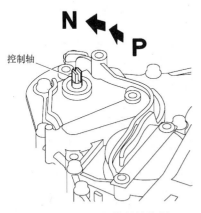

图 27-24　设定控制轴位置

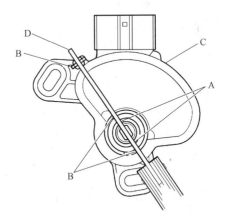

图 27-25　设定档位开关位置

A—旋转架切口　B—空档位置切口　C—变速器档位开关　D—塞尺

30）继续将变速器档位开关固定在 N 位置，紧固其上的螺栓。紧固螺栓时不要移动变速器档位开关。取下塞尺。

31）将线束夹托架 A 安装到端盖 B 上，如图 27-27 所示。

32）将插接器托架 C 安装在变速器壳体上。

33）牢固连接变速器档位开关插接器 D，并将线束夹 E 安装到线束夹托架 A 上。

34) 安装变速器档位开关盖 F。

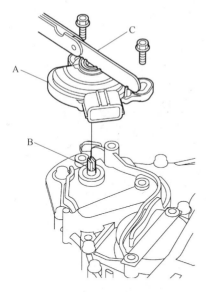

图 27-26　安装档位开关

A—变速器档位开关　B—控制轴　C—塞尺

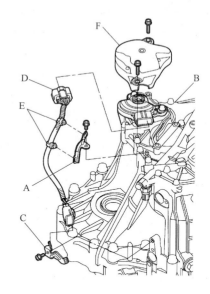

图 27-27　安装线束和档位开关盖

A—线束夹托架　B—端盖　C—插接器托架
D—档位开关插接器　E—线束夹　F—档位开关盖

35) 将新 O 形圈 A 安装到输入轴转速传感器 B 上，然后安装输入轴转速传感器，如图 27-28 所示。

36) 将新 O 形圈 C 安装到输出轴转速传感器 D 上，然后安装输出轴转速传感器。

37) 将新衬垫 B 安装到变速器壳体上，并安装 ATF 管 C 和 ATF 连接管 D，如图 27-29 所示。

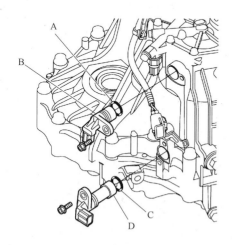

图 27-28　安装转速传感器

A、C—O 形圈　B—输入轴转速传感器
D—输出轴转速传感器

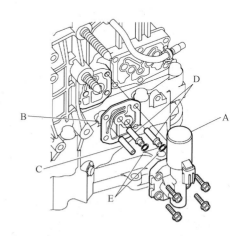

图 27-29　安装 A/T 离合器压力控制电磁阀

A—A/T 离合器压力控制电磁阀　B—衬垫
C—ATF 管　D—ATF 连接管　E—O 形圈

38) 将新 O 形圈 E 安装到 ATF 连接管 D 上，并安装 A/T 离合器压力控制电磁阀 A。

39) 安装新衬垫 A，使其蓝色一侧朝向变速器壳体，白色一侧朝向 A/T 离合器压力控制电磁阀，如图 27-30 所示。

40）安装 ATF 管 D 和 ATF 连接管 E，并将新 O 形圈 F 安装到 ATF 连接管 E 上。

41）安装 A/T 离合器压力控制电磁阀 B 和 C。

42）使用管路螺栓 B 和新密封圈 C 将 ATF 出口管路 A 安装到变矩器壳体上，如图27-31 所示。

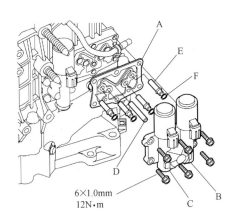

图 27-30　安装 A/T 离合器压力控制电磁阀

A—衬垫　B、C—A/T 离合器压力控制电磁阀
D—ATF 管　E—ATF 连接管　F—O 形圈

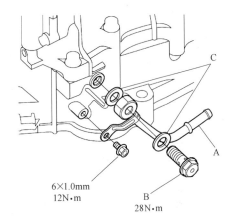

图 27-31　安装 ATF 出口管路

A—ATF 出口管路　B—管路螺栓　C—密封圈

43）安装变速器吊钩，如图 27-32 所示。

44）安装 ATF 滤清器托架 A，如图 27-33 所示。

45）使用管路螺栓 C 和新密封圈 D 将 ATF 进口管路和软管 B 安装到变矩器壳体上。

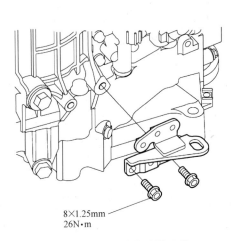

图 27-32　安装变速器吊钩

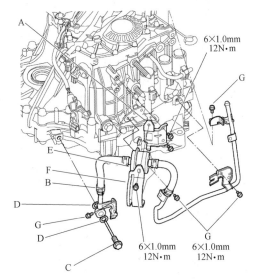

图 27-33　安装 ATF 滤清器

A—ATF 滤清器托架　B—ATF 进口管路和软管　C、G—管路螺栓
D—密封圈　E—ATF 滤清器　F—紧固支架

· 207 ·

46）将 ATF 滤清器 E 装在 ATF 滤清器托架 A 上，并紧固支架 F 和螺栓。

47）用螺栓 G 将进口管路紧固在变速器壳体上。

  你学会了吗?

1. 平行轴式自动变速器端盖的拆卸顺序是怎样的？
2. 怎样拆下平行轴式自动变速器的轴总成？
3. 变速器档位开关的安装方法是怎样的？

第 28 天　轴和离合器的维修

学习目标

1. 了解平行轴式自动变速器输入轴、输出轴、第二轴的拆解、检查和组装方法。
2. 掌握输入轴 3 档齿轮轴向间隙的检查和调整方法。
3. 掌握第二轴 1/2 档齿轮轴向间隙的检查和调整方法。
4. 掌握变速器换档离合器间隙的检查方法。

  实际操作

一、输入轴的拆解、检查和重新组装

1）检查推力滚针轴承和滚针轴承是否卡滞或移动不稳。

2）检查花键是否过度磨损或损坏。

3）检查轴承表面是否有划痕和过度磨损现象。

4）安装 O 形圈前，用胶带缠住轴花键以免损坏 O 形圈。

5）装配时用 ATF 润滑所有零件。

6）安装锥形弹簧垫圈和 40×63mm 推力垫圈。

7）装配变速器时，换上新锁紧螺母和锥形弹簧垫圈。

8）检查 3 档齿轮的轴向间隙。

二、输入轴 3 档齿轮轴向间隙的检查

1）拆下主轴变速器壳体轴承。

2）如图 28-1 所示，将推力滚针轴承 A、3 档齿轮 B、滚针轴承 C、推力滚针轴承 D、40×63mm 推力垫圈 E、3 档/5 档离合器 F、5 档隔圈 G 和变速器壳体轴承 H 安装到输入轴 I 上。检查过程中不要安装 O 形圈。

3）用压力机将惰轮 J 安装到输入轴上，然后安装锥形弹簧垫圈 K 和锁紧螺母 L。

4）拧紧锁紧螺母，拧紧力矩为 29N·m。

5）如图 28-2 所示，将百分表置于 3 档齿轮上。

6）如图 28-3 所示，向上提 3 档齿轮，同时握住输入轴，并使用百分表读取 3 档齿轮轴

向间隙值。

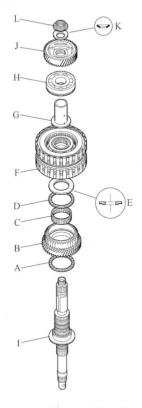

图 28-1　安装输入轴

A、D—推力滚针轴承　B—3档齿轮　C—滚针轴承
E—推力垫圈　F—3档/5档离合器　G—5档隔圈
H—变速器壳体轴承　I—输入轴　J—惰轮
K—锥形弹簧垫圈　L—锁紧螺母

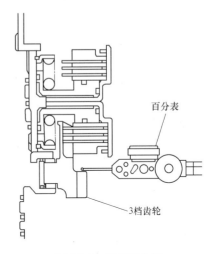

图 28-2　安装百分表

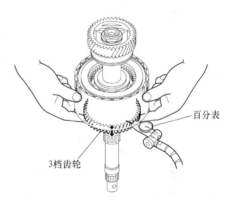

图 28-3　测量3档齿轮轴向间隙

图 28-4　测量推力垫圈厚度

7）移动3档齿轮，至少在3个位置测量其轴向间隙，最后取平均值。

8）如果所测间隙值超出标准（0.04~0.10mm），则拆下40×63mm推力垫圈并测量其厚度 A，如图28-4所示。

9）选择并安装新推力垫圈，然后重新检查。

10）更换推力垫圈后，确保轴向间隙值在标准范围内。

11）将轴承重新装入变速器壳体内。

三、输出轴的拆解、检查和重新组装

1）检查推力滚针轴承和滚针轴承是否卡滞或移动不稳。

2）检查花键是否过度磨损或损坏。

3）检查轴承表面是否有划痕和过度磨损现象。

4）装配时用ATF润滑所有零件。

5）按图 28-5 所示方向安装锥形弹簧垫圈、驻车齿轮、倒档接合套、（33×45×7.8）mm 套圈和齿轮。

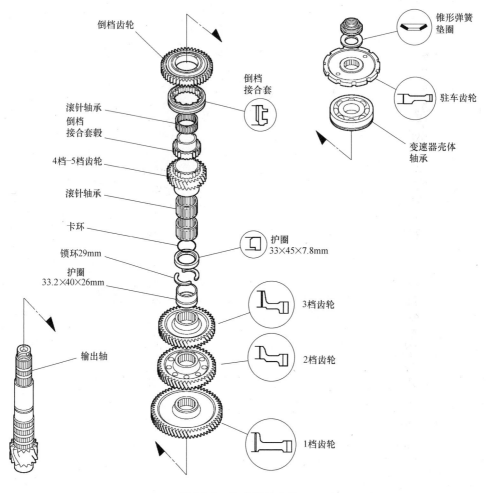

图 28-5 输出轴的安装

6）装配变速器时，换上新锁紧螺母和锥形弹簧垫圈。注意输出轴锁紧螺母是左旋螺纹。

7）将部分倒档接合套毂压装入输出轴，用压力机拆下接合套毂并用专用工具和压力机进行安装。

四、输出轴倒档接合套毂的拆卸

1）用手从输出轴 B 上拆下倒档接合套毂 A。如果无法用手拆下倒档接合套毂 A，则将其压入输出轴 B 并用压力机从输出轴上拆下，如图 28-6 所示。将 4 档/5 档齿轮 C 放在压力机底座 D 上，并将轴保护器 E 放在输出轴和压力机之间以防损坏输出轴。

 **注意：**

某些倒档接合套毂不是压配合，且不用压力机就能拆下。

2）将输出轴从压配合倒档接合套毂中压出，并握住输出轴下端拆下输出轴。将输出轴从压配合倒档接合套毂压出时，应防止输出轴掉落。

3）若有必要，则从输出轴上拆下其余零件。

五、输出轴倒档接合套毂的安装

1）将1档齿轮、2档齿轮、3档齿轮、（33.2×40×26）mm 护圈、29mm 锁环和（33×45×7.8）mm 护圈安装到输出轴上，并用卡环紧固。

2）安装滚针轴承和4档/5档齿轮。

3）如图 28-7 所示，将倒档接合套毂滑装到输出轴上，然后用拆装器手柄（内径 40mm）和压力机将其压到位。

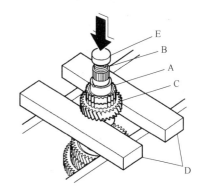

图 28-6 拆下倒档接合套毂
A—倒档接合套毂　B—输出轴　C—4档/5档齿轮
D—压力机底座　E—轴保护器

> **注意：**
> 某些倒档接合套毂不是压配合，且不用专用工具和压力机就能安装。

六、第二轴的拆解、检查和重新组装

1）检查推力滚针轴承和滚针轴承是否卡滞或移动不稳。

2）检查花键是否过度磨损和损坏。

3）检查轴承表面是否有划痕和过度磨损现象。

4）安装O形圈前，用胶带缠住轴花键以免损坏O形圈。

5）装配时用 ATF 润滑所有零件。

6）按图 28-8 所示方向安装锥形弹簧垫圈、惰轮和 31×54mm 推力垫圈。

7）装配变速器时，换上新锁紧螺母和锥形弹簧垫圈。注意锁紧螺母是左旋螺纹。

8）检查1档齿轮和2档齿轮的轴向间隙。

9）检查O形圈情况。如果O形圈磨损、变形或损坏，则更换。

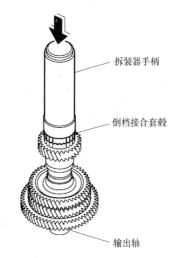

图 28-7 压装倒档接合套毂

七、第二轴1档齿轮轴向间隙的检查与安装

1）如图 28-9 所示，将推力滚针轴承 A、1档齿轮 B、滚针轴承 C、推力滚针轴承 D、31×50mm 推力垫圈 E 和1档离合器 F 安装到第二轴 G 上，然后用卡环 H 将它们固定。

2）如图 28-10 所示，用塞尺 C 至少在三个部位，测量卡环 A 和1档离合器毂 B 之间的间隙，并取平均值。

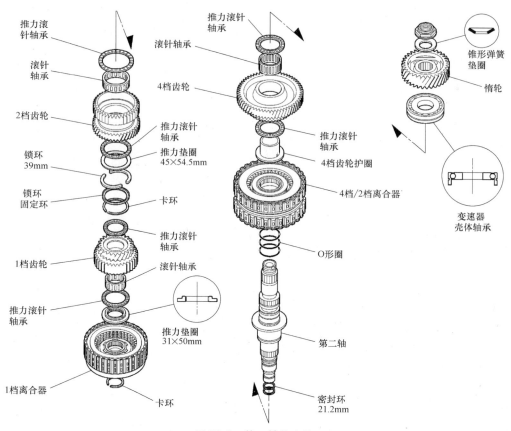

图 28-8 第二轴的安装

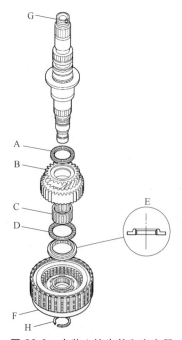

图 28-9 安装 1 档齿轮和离合器
A、D—推力滚针轴承 B—1 档齿轮 C—滚针轴承
E—推力垫圈 F—1 档离合器 G—第二轴 H—卡环

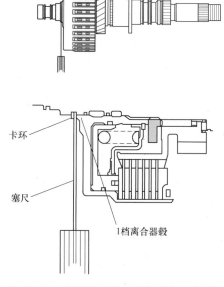

图 28-10 测量第二轴 1 档齿轮轴向间隙

3）如果所测间隙值超出标准范围（0.04~0.12mm），则拆下 31×50mm 推力垫圈并测量其厚度。

4）选择并安装新推力垫圈，然后重新检查。

八、第二轴 2 档齿轮轴向间隙的检查与安装

1）如图 28-11 所示，将推力滚针轴承 A、滚针轴承 B、2 档齿轮 C、推力滚针轴承 D、43×54.5mm 推力垫圈 E、39mm 锁环 F 和锁环固定环 G 安装到第二轴 H 上，然后用卡环 I 将它们固定。

2）如图 28-12 所示，将百分表置于 2 档齿轮上。

3）如图 28-13 所示，向上提 2 档齿轮，同时握住第二轴，并使用百分表读取 2 档齿轮轴向间隙值。

4）转动 2 档齿轮，同时至少在三个部位测量 2 档齿轮轴向间隙，并取平均值。

5）如果所测间隙超出标准范围（0.04~0.12mm），则拆下 43×54.5mm 推力垫圈并测量其厚度。

6）选择并安装新推力垫圈，然后重新检查。

7）更换推力垫圈后，确保 2 档齿轮轴向间隙在标准范围内。

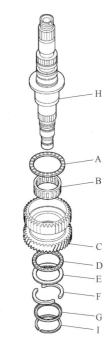

图 28-11 安装 2 档齿轮

A、D—推力滚针轴承 B—滚针轴承
C—2 档齿轮 E—推力垫圈 F—锁环
G—锁环固定环 H—第二轴 I—卡环

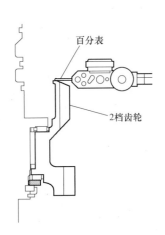

图 28-12 安装百分表

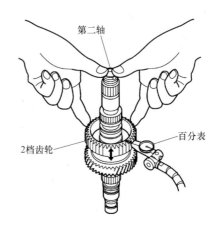

图 28-13 测量 2 档齿轮轴向间隙值

九、第二轴密封环的更换

密封环是端部有倒角的合成树脂环。检查密封环情况，发现有磨损、变形或损坏等情况时应更换。

1）为了配合更好，安装前将密封环轻轻地捏在一起。

2）在新密封环上涂抹 ATF，然后将它们安装到输入轴上，如图 28-14 所示。

3）安装密封环后，检查并确认以下项目：

① 密封环完全固定到凹槽中。
② 密封环未扭曲。
③ 密封环的倒角端接合正确。

十、离合器间隙的检查

1）将百分表固定到离合器端板上，如图 28-15 所示。

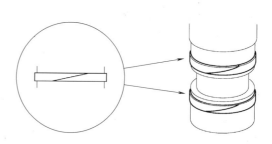

图 28-14 安装密封环

2）将离合器端板举升到卡环上，将百分表调零。

3）松开离合器端板使其降低，然后将离合器压缩工具置于离合器端板上，如图 28-16 所示。

4）对于 1 档、3 档和 5 档离合器：使用测力计，用 150~160N 的力向下按压离合器压缩工具，并读取百分表读数。所得值即为离合器端板与顶盘之间的间隙 D。至少在三处进行测量，并取平均值。

5）对于 2 档和 4 档离合器：使用测力计，用 39N 的力向下按压离合器压缩工具，并读取百分表读数。所得值即为离合器端板与顶盘之间的间隙 D。至少在三处进行测量，并取平均值。

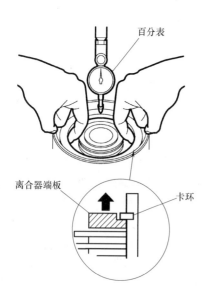

图 28-15 安装百分表并举升离合器端板

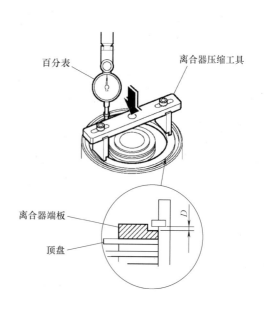

图 28-16 测量离合器间隙

6）如果所测间隙超出维修极限，则更换离合器总成。

离合器端板至顶盘的间隙维修极限如下：

1档离合器：1.62~1.82mm

2档离合器：0.5~0.7mm

3档离合器：0.73~0.93mm

4档离合器：0.7~0.9mm

5档离合器：0.73~0.93mm

 维修案例

故障现象：一辆本田雅阁轿车挂3、4档时不能前进，挂1、2档时行驶正常。

故障检修：初步检查，发现发动机工作正常，但ATF变黑且有焦糊味，其中还有固体颗粒物。解体变速器，发现3档和4档离合器已烧坏，其他离合器也有不同程度的磨损。于是，更换了全部摩擦片和密封件。重新装配后试车，车辆既不能前进也不能后退。于是，解体变速器再检查，发现变速器输入轴根本不能转动。仔细查找，发现一个挡圈装反了，正确安装后试车，车辆恢复正常。

 你学会了吗？

1. 怎样检查变速器输入轴3档齿轮的轴向间隙？
2. 怎样检查变速器第二轴1档和2档齿轮的轴向间隙？
3. 怎样检查变速器换档离合器的间隙？
4. 输出轴倒档接合套毂的拆卸和安装方法是怎样的？

第29天　阀体的维修

 学习目标

1. 学会拆卸平行轴式自动变速器的阀体和ATF滤清器。
2. 学会安装平行轴式自动变速器的阀体和ATF滤清器。
3. 掌握ATF泵的检查和安装方法。

 实际操作

一、阀体和ATF滤清器的拆卸

1）从调节器阀体B上拆下ATF供油管A，如图29-1所示。

2）从伺服阀体E上拆下ATF供油管C、D。

3）拆下ATF滤清器F（两个螺栓）。

4）从止动臂H上取下止动弹簧G，拆下控制轴I，如图29-2所示。

5）拆下调节器阀体B（10个螺栓）。

6）拆下导轮轴J和导轮轴挡块K，然后拆下调节器分离板L和两个定位销M。

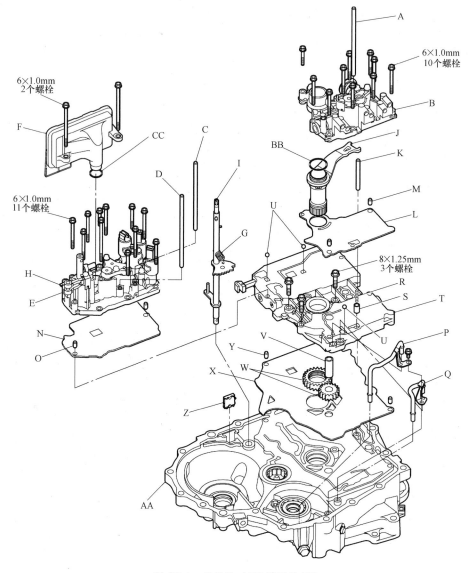

图 29-1 阀体和 ATF 滤网的拆卸

A—ATF 供油管 B—调节器阀体 C、D—ATF 供油管 E—伺服阀体 F—ATF 滤清器 G—止动弹簧 H—止动臂 I—控制轴 J—导轮轴 K—导轮轴挡块 L—调节器分离板 M、O、Y—定位销×6 N—分离板 P、Q—ATF 接管 R—单向阀弹簧 S—冷却器单向阀 T—主阀体 U—单向球 V—ATF 泵从动齿轮轴 W—ATF 泵齿轮 X—主分离板 Z—ATF 磁铁 BB、CC—O 形圈 AA—变速器壳体

7) 拆下伺服阀体 E（11 个螺栓），然后拆下分离板 N 和两个定位销 O。

8) 拆下 ATF 接管 P、Q。

9) 拆下冷却器单向阀弹簧 R 和冷却器单向阀 S，然后拆下主阀体 T（3 个螺栓）。不要让单向球 U 掉出。

10) 拆下 ATF 泵从动齿轮轴 V，然后拆下 ATF 泵齿轮 W。

11) 拆下主分离板 X 和两个定位销 Y。

12) 拆下 ATF 磁铁 Z，将其清理并重新安装到变矩器壳体 AA 中。

13）将 O 形圈 BB 从导轮轴上拆下，并从 ATF 滤清器 F 上拆下 O 形圈 CC。安装新阀体。

14）如图 29-3 所示，用压缩空气彻底清洁 ATF 滤清器的进口，然后检查并确认进口畅通未堵塞。

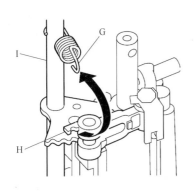

图 29-2　拆下控制轴

G—止动弹簧　H—止动臂　I—控制轴

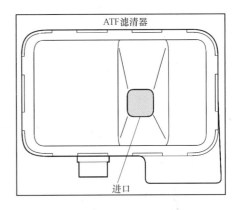

图 29-3　清洁 ATF 滤清器进口

15）从进口倒入干净的 ATF 以测试 ATF 滤清器，如果滤清器堵塞或损坏，则更换。

二、ATF 泵的检查

1）如图 29-4 所示，将 ATF 泵主动齿轮 A、从动齿轮 B 和 ATF 泵从动齿轮轴 C 安装到主阀体 D 上。用 ATF 润滑所有零件，ATF 泵从动齿轮 B 的开槽和倒角侧应朝上。

2）测量 ATF 泵主动齿轮和从动齿轮的侧隙，如图 29-5 所示。

ATF 泵齿轮标准侧隙（新）：

ATF 泵主动齿轮：0.210~0.265mm

ATF 泵从动齿轮：0.070~0.125mm

3）拆下 ATF 泵从动齿轮轴。用直尺和塞尺测量 ATF 泵从动齿轮和阀体之间的轴向间隙，如图 29-6 所示。

ATF 泵主动/从动齿轮标准轴向间隙：0.03~0.06mm

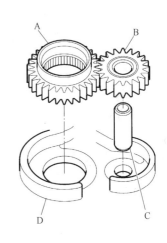

图 29-4　安装 ATF 齿轮泵

A—ATF 泵主动齿轮　B—ATF 泵从动齿轮

C—ATF 泵从动齿轮轴　D—主阀体

三、主阀体和 ATF 滤清器的安装

1）确保 ATF 磁铁清洁且安装在变矩器壳体中。

2）将主分离板和 2 个定位销安装到变矩器壳体上。

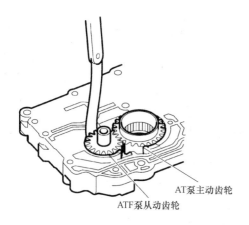

图 29-5　测量 ATF 泵齿轮侧隙　　　　图 29-6　测量 ATF 泵齿轮轴向间隙

3）如图 29-7 所示，安装 ATF 泵主动齿轮、ATF 泵从动齿轮和 ATF 泵从动齿轮轴。ATF 泵从动齿轮的凹槽和倒角侧应朝下。

4）安装主阀体。

5）确保 ATF 泵主动齿轮在正常工作方向转动平稳，且 ATF 泵从动齿轮轴在轴向和正常工作方向移动平稳，如图 29-8 所示。

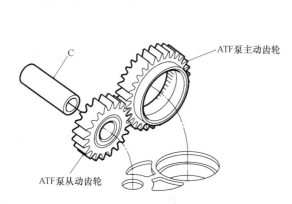

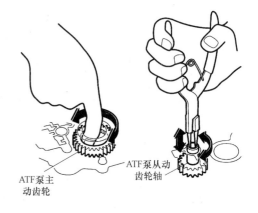

图 29-7　安装 ATF 泵齿轮　　　　图 29-8　确保 ATF 泵工作平衡

6）如果 ATF 泵主动齿轮和 ATF 泵从动齿轮轴移动不稳，则松开主阀体螺栓。重新定位 ATF 泵从动齿轮轴，并重新紧固螺栓至规定力矩，然后重新检查。未正确调节 ATF 油泵从动齿轮轴会导致 ATF 泵主动齿轮或 ATF 泵从动齿轮轴卡滞。

7）确保三个单向球和冷却器单向阀在主阀体中，然后将冷却器单向阀弹簧安装到冷却器单向阀上。

8）安装主阀体和变矩器壳体间的 ATF 接管。

9）将调节器分离板和 2 个定位销安装到主阀体上。

10）将新 O 形圈安装到导轮轴上，并安装导轮轴和导轮轴挡块。

11）安装调节器阀体（10 个螺栓）。

12）将伺服分离板和 2 个定位销安装到主阀体上。

13）安装伺服阀体（11 个螺栓）。用两个螺栓紧固 ATF 滤清器，再用两个螺栓紧固挡油板，如图 29-9 所示。

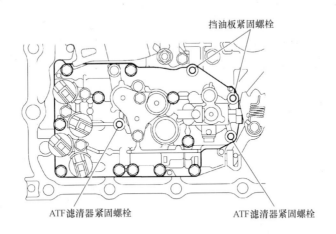

图 29-9　安装 ATF 滤网和挡油板

14）如果拆下了止动臂 A，则将其与臂上套圈 B 一起安装到伺服阀体 C 上，然后将切口 E 与伺服阀体凸出部位 F 对准，安装新锁止垫圈 D。安装并紧固螺栓，然后将锁止垫圈凸舌 G 向螺栓头弯曲，如图 29-10 所示。

15）将控制轴上的手动阀杆销与手动阀的导管对准，将控制杆安装在变矩器壳体中，如图 29-11 所示。

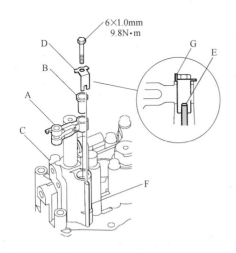

图 29-10　安装止动臂
A—止动臂　B—臂上套圈　C—伺服阀体
D—锁止垫圈　E—切口　F—伺服阀体凸出部位
G—锁止垫圈凸舌

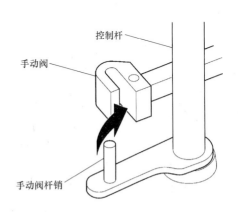

图 29-11　安装控制杆

16）将止动臂弹簧钩到止动臂上，如图29-12所示。

17）将新 O 形圈安装到 ATF 滤清器上，并安装 ATF 滤清器（两个螺栓）。

18）将 ATF 供油管（8×180.5mm）安装到调节器阀体上。

19）将两个 ATF 供油管（8×192.5mm、8×180.5mm）安装到伺服阀体上。

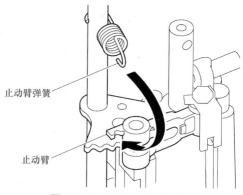

图 29-12　安装止动臂弹簧

你学会了吗？

1. 平行轴式自动变速器阀体和 ATF 滤清器的拆卸顺序是怎样的？
2. 怎样检查和安装平行轴式自动变速器的 ATF 泵？
3. 平行轴式自动变速器阀体和 ATF 滤清器的安装顺序是怎样的？

第 30 天　AT 电控系统的检修

学习目标

1. 掌握平行轴式自动变速器换档电磁阀的测试方法。
2. 掌握平行轴式自动变速器离合器压力控制电磁阀的测试方法。
3. 学会更换输入轴转速传感器、输出轴转速传感器和变速器油压开关（2档/3档离合器）。
4. 掌握 ATF 温度传感器和变速器档位开关的测试方法。

实际操作

一、换档电磁阀的测试

1）将 HDS 连接到 DLC 上。

2）在 HDS 的其他测试菜单中选择换档电磁阀 A、B、C 和 D。

3）用 HDS 检查并确认换档电磁阀 A、B、C 和 D 的工作情况。

如果听到"咔嗒"声，则表明电磁阀正常。测试完成，断开 HDS。

如果未听到"咔嗒"声，则转至步骤4），并测试电磁阀。

4）用举升机举升车辆或施加驻车制动，挡住两个后轮，并举升车辆前部，确保支撑牢固。

5）拆下挡泥板。

6）断开换档电磁阀线束插接器，如图 30-1 所示。

7）测量换档电磁阀线束插接器端子和车身搭铁间的电阻：

1 号端子-换档电磁阀 C

2 号端子-换档电磁阀 B

5号端子-换档电磁阀A

8号端子-换档电磁阀D

如果阻值符合标准（12~25Ω），则转至步骤8）并检查电磁阀是否会发出"咔嗒"声。

如果阻值超出标准，则转至步骤9）。

8）用跨接线将蓄电池正极端子分别与各换档电磁阀线束插接器端子相连，应听到"咔嗒"声。

如果听到"咔嗒"声，则表明电磁阀正常。测试完成，连接插接器。

如果未听到"咔嗒"声，则转至步骤9），并测试换档电磁阀。

9）拧下放油螺塞，并排空ATF，如图30-2所示。

10）重新安装带新密封圈的放油螺塞。

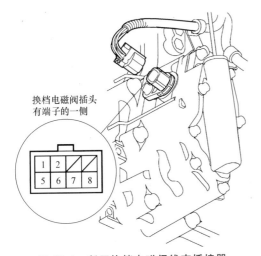

图30-1 断开换档电磁阀线束插接器

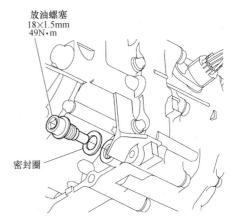

图30-2 拧下放油螺塞

11）拆下换档电磁阀盖A、定位销B和衬垫C，如图30-3所示。

12）将插接器从换档电磁阀A、换档电磁阀B、换档电磁阀C和换档电磁阀D上断开，如图30-4所示。

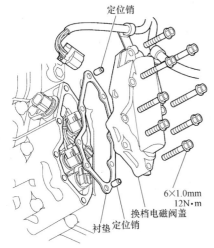

图30-3 拆下换档电磁阀盖

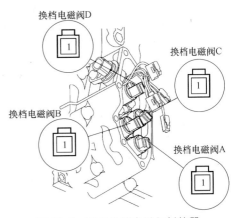

图30-4 断开换档电磁阀插接器

13）测量各换档电磁阀插接器端子和车身搭铁之间的电阻。

如果阻值超出标准（12~25Ω），则更换换档电磁阀。

如果阻值符合标准，则转至步骤14）并检查电磁阀是否会发出"咔嗒"声。

14）用跨接线将蓄电池正极端子分别与各电磁阀端子相连。

如果听到"咔嗒"声，则更换电磁阀线束。

如果未听到"咔嗒"声，则更换换档电磁阀。

二、A/T离合器压力控制电磁阀的测试

1）将HDS连接到DLC上。

2）在HDS的其他测试菜单中选择A/T离合器压力控制（线性）电磁阀。

3）使用HDS测试A/T离合器压力控制电磁阀。

如果电磁阀测试正常，则测试完成，断开HDS。

如果电磁阀测试不正常，则按照HDS上的提示操作。

如果电磁阀测试不正常，且HDS不能确定其原因，则转至步骤4）。

4）拆下空气滤清器。

5）断开A/T离合器压力控制电磁阀的插接器，如图30-5所示。

6）在插接器端子处，测量A/T离合器压力控制电磁阀的电阻。

如果阻值超出标准（3~10Ω），则更换A/T离合器压力控制电磁阀。

如果阻值符合标准，则转至步骤7）。

7）用跨接线将蓄电池负极端子与A/T离合器压力控制电磁阀插接器的2号端子相连，并用另外一根跨接线将蓄电池正极端子与插接器的1号端子相连。

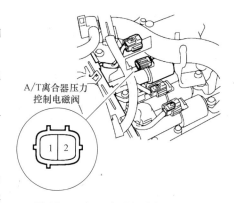

图30-5 断开电磁阀的插接器

如果听到"咔嗒"声，则表明电磁阀正常。重新连接插接器，并安装所有之前拆下的零件。

如果未听到"咔嗒"声，则转至步骤8）。

8）拆下紧固螺栓和A/T离合器压力控制电磁阀，如图30-6所示。

9）拆下ATF油管、ATF接管、O形圈和衬垫。

10）检查电磁阀油道是否污染。

11）如图30-7所示，用跨接线将蓄电池负极端子与A/T离合器压力控制电磁阀插接器的2号端子相连，并用另外一根跨接线将蓄电池正极端子与插接器的1号端子相连。确保A/T离合器压力控制电磁阀移动。

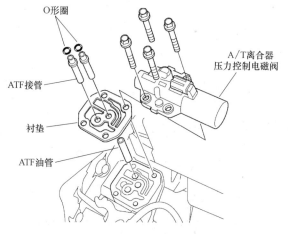

图30-6 拆下电磁阀

12）断开一根跨接线并检查阀体安装表面油道处阀门的移动情况。如果阀门卡滞或移动困难，或电磁阀不工作，则更换 A/T 离合器压力控制电磁阀。

13）清理电磁阀阀体、变速器壳体的安装表面和油道。

14）将新衬垫的蓝色侧朝下、白色侧朝上，安装到变速器壳体上。

15）安装 ATF 油管和 ATF 接管，并将新 O 形圈安装到 ATF 接管上。

16）安装 A/T 离合器压力控制电磁阀。

17）检查插接器是否生锈、有污垢或油渍，确认无上述情况后牢固连接插接器。

18）安装空气滤清器。

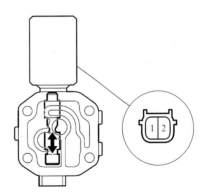

图 30-7 检测电磁阀

三、输入轴转速传感器的更换

1）拆下空气滤清器。

2）执行蓄电池拆卸程序。

3）从蓄电池座上拆下蓄电池托架和线束夹，然后拆下蓄电池座。

4）拆下 ATF 滤清器支架，然后拆下连有 ATF 软管的 ATF 滤清器，如图 30-8 所示。

5）断开输入轴转速传感器插接器，如图 30-9 所示。

6）拆下输入轴转速传感器。

7）将新 O 形圈安装到新输入轴转速传感器上，然后将输入轴转速传感器安装到变速器壳体上。

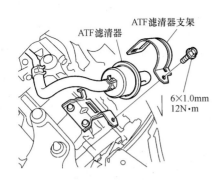

图 30-8 拆下 ATF 滤清器

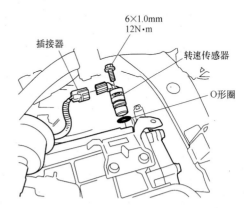

图 30-9 输入轴转速传感器

8）检查插接器是否生锈及是否有污垢或油渍，然后牢固连接插接器。

9）安装 ATF 滤清器。

10）安装蓄电池座和蓄电池托盘，然后安装线束夹。

11）执行蓄电池安装程序。

12）安装空气滤清器。

四、输出轴转速传感器的更换

1）拆下空气滤清器。

2）断开输出轴转速传感器插接器，如图30-10所示。

3）拆下输出轴转速传感器。

4）将新O形圈安装到新输出轴转速传感器上，然后将输出轴转速传感器安装到变速器壳体上。

5）检查插接器是否生锈及是否有污垢或油渍，然后牢固连接插接器。

6）安装空气滤清器。

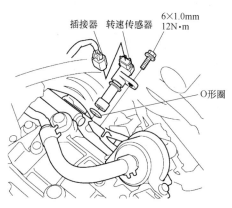

图30-10 输出轴（副轴）转速传感器

五、变速器油压开关A（2档离合器）的更换

1）拆下空气滤清器。

2）执行蓄电池拆卸程序。

3）从蓄电池座上拆下蓄电池托架和线束夹，然后拆下蓄电池座。

4）拆下ATF滤清器支架，然后拆下连有ATF软管的ATF滤清器。

5）断开变速器油压开关A（2档离合器）插接器，并拆下变速器油压开关A（2档离合器），如图30-11所示。

6）用新密封圈安装新变速器油压开关A（2档离合器），并紧固开关的金属部分。

7）检查插接器是否生锈及是否有污垢或油渍，然后牢固连接插接器。

8）安装ATF滤清器。

9）安装蓄电池座和蓄电池托盘，然后安装线束夹。

10）执行蓄电池安装程序。

11）安装空气滤清器。

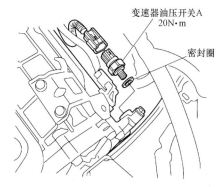

图30-11 拆下变速器油压开关A

六、变速器油压开关B（3档离合器）的更换

1）用举升机举升车辆或施加驻车制动，挡住两个后轮，并举升车辆前部，确保支撑牢固。

2）拆下挡泥板。

3）断开变速器油压开关B（3档离合器）插接器，然后拆下变速器油压开关B（3档离合器），如图30-12所示。

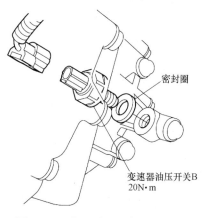

图30-12 拆下变速器油压开关B

4）用新密封圈安装新变速器油压开关 B，并紧固开关的金属部分。

5）检查插接器是否生锈及是否有污垢或油渍，然后牢固连接插接器。

6）安装挡泥板。

七、ATF 温度传感器的测试与更换

1）用举升机举升车辆或施加驻车制动，挡住两个后轮，并举升车辆前部，确保支撑牢固。

2）拆下挡泥板。

3）断开换档电磁阀线束插接器，如图 30-13 所示。

4）测量换档电磁阀线束插接器 6 号和 7 号端子之间 ATF 温度传感器的电阻。

5）如果阻值超出标准（50Ω～25kΩ），则更换 ATF 温度传感器和电磁阀线束，转至步骤 6）。ATF 温度传感器不可与换档电磁阀线束分开单独使用。

如果测量值符合标准，则牢固连接插接器并安装挡泥板。

6）拧下放油螺塞，并排空 ATF。

7）重新安装带新密封圈的放油螺塞。

8）拆下换档电磁阀盖、定位销和衬垫，如图 30-14 所示。

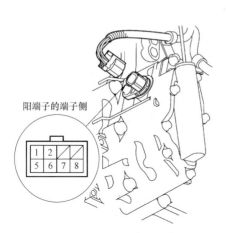

图 30-13 换档电磁阀线束插接器

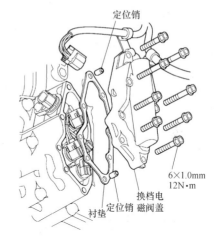

图 30-14 拆下换档电磁阀盖

9）拆下换档电磁阀线束插接器 E，并更换，如图 30-15 所示。

10）将新 O 形圈 F 安装到新换档电磁阀线束插接器上，并将插接器安装到变速器壳体中。

11）将白色和橙色线束插接器连接至换档电磁阀 B。ATF 温度传感器与白色线束插接器连接。

12）将线束插接器连接到电磁阀上：

蓝色线束插接器连接到换档电磁阀 A 上。

绿色线束插接器连接到换档电磁阀 C 上。

黄色线束插接器连接到换档电磁阀 D 上。

13）安装换档电磁阀盖、定位销和新衬垫。

14）检查插接器是否生锈及是否有污垢或油渍，然后牢固连接插接器。

15）向变速器重新加注 ATF。

16）安装挡泥板。

八、变速器档位开关的测试

1）拆下空气滤清器。

2）断开变速器档位开关线束插接器，如图 30-16 所示。

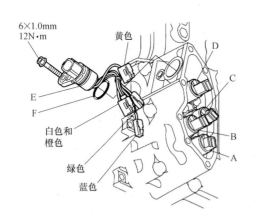

图 30-15　连接换档电磁阀

A、B、C、D—换档电磁阀　E—线束插接器　F—O 形圈

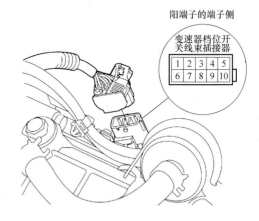

图 30-16　档位开关线束插接器

3）检查线束插接器端子之间是否导通。在各开关位置上，表 30-1 中的端子之间应该导通。

表 30-1　变速器档位开关线束插接器

档位	插接器端子/信号									
	1	2	3	4	5	6	7	8	9	10
	GND	ATP 2-1	D	R	P	ATP FWD	ATP NP	D3	N	ATP RVS
P	○			○			○			
R	○									○
N	○						○		○	
D	○					○				
D3	○					○		○		
2	○	○				○				
1	○		○			○				

4）如果测试结果正常，则变速器档位开关测试完成。

如果端子间不导通，则转至步骤 5）。

5）用举升机举升车辆或施加驻车制动，挡住两个后轮，并举升车辆前部，确保支撑牢固。

6）拆下变速器档位开关盖，如图 30-17 所示。

7）断开变速器档位开关插接器，如图 30-18 所示。

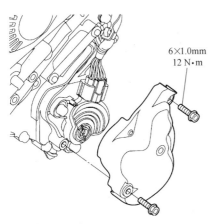

图 30-17　拆下档位开关盖

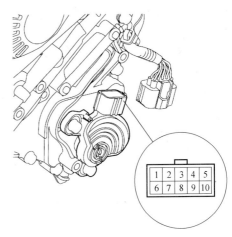

图 30-18　档位开关插接器

8）检查开关插接器端子之间是否导通。在各开关位置上，表 30-2 中的端子之间应该导通。

表 30-2　变速器档位开关插接器

档位	插接器端子/信号									
	1 ATP NP	2 P	3 N	4 D3	5 GND	6 ATP RVS	7 ATP FWD	8 R	9 D	10 ATP 2-1
P	○—	—○			○—	—	—	—	—	—	
R					○—	—○—	—○			
N	○—	—	—○—	—○						
D					○—	—	—○—	—○	
D3				○—	—○—	—○				
2					○—	—	—○—	—	—	—○
1					○—	—	—○			

9）如果变速器档位开关导通性检查正常，则更换故障的变速器档位开关线束，从线束夹托架上拆下线束夹，拆下变速器档位开关线束，如图 30-19 所示。

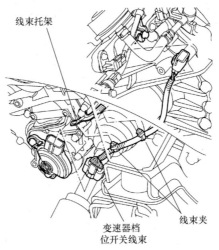

图 30-19　更换档位开关线束

你学会了吗?

1. 变速器换档电磁阀的测试方法是怎样的?
2. 变速器离合器压力控制电磁的测试方法是怎样的?
3. 怎样更换输入轴转速传感器和输出轴转速传感器?
4. 怎样更换变速器2档/3档离合器的油压开关?
5. 怎样检查ATF温度传感器和变速器档位开关?